Isla Negra

Pablo Neruda

❈❂❈❂❈❂❈❂❈❂❈❂❈❂❈❂❈❂❈

ISLA NEGRA

A NOTEBOOK

1

TRANSLATED FROM THE SPANISH BY

Alastair Reid

AFTERWORD BY ENRICO MARIO SANTÍ

THE NOONDAY PRESS
Farrar, Straus and Giroux
New York

Translation copyright © 1970, 1979, 1981 by Alastair Reid
Translated from the Spanish, *Memorial de Isla Negra*,
copyright © 1964 by Editorial Losada, S.A., Buenos Aires
Published in Canada by HarperCollins*CanadaLtd*
Printed in the United States of America
DESIGNED BY HERB JOHNSON
First edition, 1981
Fifth printing, 1996

LIBRARY OF CONGRESS CATALOGING IN PUBLICATION DATA
Neruda, Pablo, 1904–1973.
  Isla Negra.
  English and Spanish.
  Translation of: Memorial de Isla Negra.
  I. Reid, Alastair. II. Title.
PQ8097.N4M413 1981   861   81-12608
                                        AACR2

Alastair Reid's translations of ten of these poems appeared, in earlier versions, in
Pablo Neruda: Selected Poems, published by Delacorte Press / Seymour Lawrence (New
York) and Jonathan Cape (London)

Contents

La luna en el laberinto
The Moon in the Labyrinth

vii • *Contents*

viii · *Contents*

El fuego cruel
Cruel Fire

ix · Contents

El cazador de raíces
The Hunter after Roots

xi · Contents

Sonata crítica
Critical Sonata

xiii · Contents

Translator's Note

I first read these poems in the author's proof when I met Pablo Neruda at his house in Isla Negra, on the Pacific coast of Chile, in February of 1964, just before they saw the light later that year in the first Losada edition, published at intervals in five separate volumes. At that time, I had no notion of translating Neruda's poetry, but was reading it with a pleasure made keener by being in Chile—at the source, as it were—particularly the books, *Estravagario* and *Plenos poderes*, that Neruda wrote out of that fruitful time he referred to as his "autumn." When a British publisher asked me to prepare a small selection of Neruda in translation for his visit to London in 1967, I did my first versions, and since then I have translated much more of his work than I ever intended, never without an absorbed fascination, but with a growing sense that, just as Neruda had so many different poetic "selves," so should he have a variety of translators; for, in the huge compass of his *Obras completas*, every reader finds his own Neruda.

Neruda and I became good friends, and talked at length in different parts of the world, most frequently in Paris, when he was Allende's Ambassador to France. He did not, however, take too much interest in the fate of his work in translation—he could not, for he is probably the most extensively translated poet in history. "Don't just translate my poems," he would say to me. "I want you to improve them!" For me, knowing Neruda, listening to him talk, hearing him read poems, learning his wavelength, made an essential difference to the work of re-creating him in English. He once recorded passages from a number of different poems for me, as a translator's touchstone, and I played that tape over so many times that I can hear it in my head at will, for what I was looking for from the beginning was that unmistakable *tone*, that spoken intimacy that pervades his poetry. He wrote in a speaking voice, he was a *sayer*, he addressed subjects—and objects—directly, and I felt that my main task as translator was to catch that tone in English.

Neruda's slow, mesmerizing, all-encompassing voice was, in a sense, the instrument he wrote for—anyone who knew him or even heard him will usually produce an imitation of that unforgettable delivery—and it had a vast range of manners and levels, from the whimsical and self-mocking, through the meditative, the sardonic, and the impassioned, to the heights of vatic affirmation. Not all of these manners have comfortable equivalences in English poetry. It is up to the translator, I think, to find the work with which he feels most affinity, and consequently I have translated mostly the poetry Neruda wrote after he came to rest in Isla Negra in the fifties, when he left his previous astringency behind and began to produce enormously varied, enormously human poems—warm and abundant, self-questioning yet affirmative, poems stemming from a generosity of spirit. This book, *Memorial de Isla Negra*, crowned that time, and I felt that to translate it was for me a *deber del poeta*, to use Neruda's recurring phrase, a poet's obligation. Translating has always been for me a profound process of discovery, but one I now intend to leave behind.

I have no theories to offer about translating poetry—every poem presents, quite simply, a different complexity, and asks for a separate resolution. Some poems, mainly through linguistic accident, manage to bloom in other languages; others can never quite arrive, in which cases the translation proves only an accurate gloss, an English key to reading the original. Since a translator is undertaking to write a poem of his own, as close as possible in spirit and manner to the original as he can make it, he is first obliged to penetrate the original poem so deeply as to reach back through it to its creation, to become the poet. Some of Neruda's personae fit me better than others, but by now his voice and vocabulary are comfortably familiar, and the memory of his extraordinary physical presence has hovered over my work.

At the risk of seeming simple, I should like to make the point that English and Spanish move very differently, like streams that run in quite separate courses. In English, Spanish poems often need to be reconstructed, their abstractions particularized. Words that glow in one language do not necessarily fire their literal equivalents; for that reason, I translate the word *alma* not as "soul" but as "spirit," which seems more credible in English. There are many such traps in moving from Spanish to English. Also, some of Neruda's manifold images from the natural world do not, for geographical reasons, have exact counterparts in English, and call for ingenuities. Most subtle of all, the English of the translation has to *move in the direction of* Spanish to serve it best, but sometimes English is obdurate.

There are some translation hazards peculiar to this book. In the title, the word *memorial* in Spanish means "notebook," and has to be shaken free of association with the English word "memorial," for Neruda was writing not a systematic auto-biography in poem form but a set of assembled meditations on the presence of the past in the present, an essential notebook. Neruda quite often switches tenses, past to present, present to past, in mid-poem, to create the coincidence of past and present, a double vision. At times, difficulties that arise are intrinsic to the poems themselves—I would cite "The Lost Child" and "Those Lives," poems hovering on the edge of saying; at other times, the difficulties arise from the inequities of English and Spanish. What became most noticeable in the translating of *Isla Negra* was the constant recurring of certain obsessional words of Neruda's—*espiga* and *desgranar*, for example, which clearly carried for him a very particular aura, and which have to be re-interpreted each time they arise. Similarly, Neruda would latch on to certain technical words more for their lyric suggestiveness than for their precision, as with *élitro* and *ferruginoso*. In such cases, the translator must interpret, and rest on his studied interpretation. It is not injudicious to say too that some of the poems are better than others, for Neruda can slip on occasion into pomposity or banality; but since, in translating a book in its wholeness, a translator may not pick only the most translatable plums, he must reflect the whole range of moods and manners, sometimes painfully. Lastly, since we know that no translation can be definitive, I offer mine mainly as a homage to the original.

I should like to acknowledge my indebtedness, my *deber*, to three people, and to thank them warmly: Pipina Prieto Lewis, who first insisted to me that, for the pleasure of reading Latin American writers in the original, learning Spanish was a small price to pay, and who, while I was working on this book, provided sparks and wise notions; Enrico Mario Santí, whose contribution to the book is a crucial one, and who gave the translation a scrutiny sharp enough, I hope, to keep the translation police at a distance; and Michael di Capua, who has seen three books of my Neruda translations through the presses with the patience of an owl.

I worked on the bulk of this book on the island of Puerto Rico, which proved lucky for me, not just because Spanish was in the air, but because I was able to spend time contemplating, say, the kinetics of a wave to the point of realizing its physicality, the dimension of experience in which Neruda's poems are so deeply rooted. Translating the book has been an immersion for which I am grateful. Lines, single images, entire poems are lodged in my memory, some of them with the wholeness and inevitability of a Zen *koan*:

> *In this net it's not just the strings that count*
> *but also the air that escapes through the meshes.*

So is it with translation.

Alastair Reid

Donde nace la lluvia

Where the Rain Is Born

Nacimiento

Nació un hombre
entre muchos
que nacieron,
vivió entre muchos hombres
que vivieron,
y esto no tiene historia
sino tierra,
tierra central de Chile, donde
las viñas encresparon sus cabelleras verdes,
la uva se alimenta de la luz,
el vino nace de los pies del pueblo.

Parral se llama el sitio
del que nació
en invierno.

Ya no existen
la casa ni la calle:
soltó la cordillera
sus caballos,
se acumuló
el profundo
poderío,
brincaron las montañas
y cayó el pueblo
envuelto
en terremoto.
Y así muros de adobe,
retratos en los muros,
muebles desvencijados

The Birth

A man was born
among many
who were born.
He lived among many men
who also lived,
and that alone is not so much history
as earth itself,
the central part of Chile, where
vines unwind their green tresses,
grapes feed on the light,
wine is born from the feet of the people.

Parral, the place is called,
where he was born
in winter.

Now they no longer exist,
neither house nor street.
The cordillera
let loose its horses,
its buried
power
amassed itself,
the mountains jumped
and the town succumbed,
enveloped
in earthquake.
So, adobe walls,
pictures on the walls,
rickety furniture

en las salas oscuras,
silencio entrecortado por las moscas,
todo volvió
a ser polvo:
sólo algunos guardamos
forma y sangre,
sólo algunos, y el vino.

Siguió el vino viviendo,
subiendo hasta las uvas
desgranadas
por el otoño
errante,
bajó a lagares sordos,
a barricas
que se tiñeron con su suave sangre,
y allí bajo el espanto
de la tierra terrible
siguió desnudo y vivo.

Yo no tengo memoria
del paisaje ni tiempo,
ni rostros, ni figuras,
sólo polvo impalpable,
la cola del verano
y el cementerio en donde
me llevaron
a ver entre las tumbas
el sueño de mi madre.
Y como nunca vi
su cara
la llamé entre los muertos, para verla,
pero como los otros enterrados,
no sabe, no oye, no contestó nada,
y allí se quedó sola, sin su hijo,
huraña y evasiva
entre las sombras.
Y de allí soy, de aquel

in dark rooms,
silence punctuated by flies,
all returned
to dust, to dust.
Only some of us kept
our shape and our blood,
only some of us, and the wine.

The wine went on with its being,
rising up to the grapes
scattered by
the wandering
autumn,
descended through deaf winepresses
into barrels
stained by its smooth blood
and there, frightened by
that fearful land,
it went on, naked and alive.

I have no memory
of landscape or time,
faces or figures—
only the elusive dust,
the end of summer,
and the cemetery where
they took me to see
among the graves
my sleeping mother's.
And since I never saw
her face,
I called out to her among the dead, to see her.
But like all the other buried ones,
neither knowing nor hearing, she answered nothing,
and there she stayed alone, without her son,
withdrawn and evasive
among ghosts.
And that's where I'm from, that

5 • *Where the Rain Is Born*

Parral de tierra temblorosa,
tierra cargada de uvas
que nacieron
desde mi madre muerta.

❖❖❖❖❖❖❖❖❖❖

Primer viaje

No sé cuándo llegamos a Temuco.
Fue impreciso nacer y fue tardío
nacer de veras, lento,
y palpar, conocer, odiar, amar,
todo esto tiene flor y tiene espinas.
Del pecho polvoriento de mi patria
me llevaron sin habla
hasta la lluvia de la Araucanía.
Las tablas de la casa
olían a bosque,
a selva pura.
Desde entonces mi amor
fue maderero
y lo que toco se convierte en bosque.
Se me confunden
los ojos y las hojas,
ciertas mujeres con la primavera
del avellano, el hombre con el árbol,
amo el mundo del viento y del follaje,
no distingo entre labios y raíces.

Del hacha y de la lluvia fue creciendo
la ciudad maderera
recién cortada como
nueva estrella con gotas de resina,
y el serrucho y la sierra

Parral of the trembling earth,
a land laden with grapes
which came to life
out of my dead mother.

❀❀❀❀❀❀❀❀

The First Journey

I don't know when we came to Temuco.
It was vague, being born, and a slow business,
being truly born,
and slowly feeling, knowing, hating, loving.
All that has both flowers and thorns.
From the dusty bosom of my country
they took me, still an infant,
into the rain of Araucania.
The boards of the house
smelled of the woods,
of the deep forest.
From that time on, my love
had wood in it
and everything I touched turned into wood.
They became one in me,
lives and leaves,
certain women and the hazelnut
spring, men and trees.
I love the world of wind and foliage.
I can't tell lips from roots.

From axes and rain, it grew up,
that town of wood
recently carved, like
a new star stained with resin,
and the saw and the sierras

se amaban noche y día
cantando,
trabajando,
y ese sonido agudo de cigarra
levantando un lamento
en la obstinada soledad, regresa
al propio canto mío:
mi corazón sigue cortando el bosque,
cantando con las sierras en la lluvia,
moliendo frío y aserrín y aroma.

❀❀❀❀❀❀❀❀❀

La mamadre

La mamadre viene por ahí,
con zuecos de madera. Anoche
sopló el viento del polo, se rompieron
los tejados, se cayeron
los muros y los puentes,
aulló la noche entera con sus pumas,
y ahora, en la mañana
de sol helado, llega
mi mamadre, doña
Trinidad Marverde,
dulce como la tímida frescura
del sol en las regiones tempestuosas,
lamparita
menuda y apagándose,
encendiéndose
para que todos vean el camino.

Oh dulce mamadre
—nunca pude
decir madrastra—,

made love day and night,
singing away,
working away,
and that sharp chirp of the cricket
raising its plaint
in the unyielding solitude turns into
my song, my own song.
My heart goes on cutting wood,
singing with the sawmills in the rain,
milling together cold, sawdust, wood smell.

○┼○┼○┼○┼○┼○┼○┼○

The More-Mother

My more-mother comes by
in her wooden shoes. Last night
the wind blew from the pole, the roof tiles
broke, and walls
and bridges fell.
The pumas of night howled all night long,
and now, in the morning
of icy sun, she comes,
my more-mother, Dona
Trinidad Marverde,
soft as the tentative freshness
of the sun in storm country,
a frail lamp, self-effacing,
lighting up
to show others the way.

Dear more-mother—
I was never able
to say stepmother!—

ahora
mi boca tiembla para definirte,
porque apenas
abrí el entendimiento
vi la bondad vestida de pobre trapo oscuro,
la santidad más útil:
la del agua y la harina,
y eso fuiste: la vida te hizo pan
y allí te consumimos,
invierno largo a invierno desolado
con las goteras dentro
de la casa
y tu humildad ubicua
desgranando
el áspero
cereal de la pobreza
como si hubieras ido
repartiendo
un río de diamantes.

Ay mamá, cómo pude
vivir sin recordarte
cada minuto mío?
No es posible. Yo llevo
tu Marverde en mi sangre,
el apellido
del pan que se reparte,
de aquellas
dulces manos
que cortaron del saco de la harina
los calzoncillos de mi infancia,
de la que cocinó, planchó, lavó,
sembró, calmó la fiebre,
y cuando todo estuvo hecho,
y ya podía
yo sostenerme con los pies seguros,
se fue, cumplida, oscura,
al pequeño ataúd

at this moment
my mouth trembles to define you,
for hardly
had I begun to understand
than I saw goodness in poor dark clothes,
a practical sanctity—
goodness of water and flour,
that's what you were. Life made you into bread,
and there we fed on you,
long winter to forlorn winter
with raindrops leaking
inside the house,
and you,
ever present in your humility,
sifting
the bitter
grain-seed of poverty
as if you were engaged in
sharing out
a river of diamonds.

Oh, mother, how could I
not go on remembering you
in every living minute?
Impossible. I carry
your Marverde in my blood,
surname
of the shared bread,
of those gentle hands
which shaped from a flour sack
my childhood clothes,
of the one who cooked, ironed, washed,
planted, soothed fevers,
and when everything was done
and I at last was able
to stand on my own sure feet,
she went off, fulfilled, dark,
off in her small coffin

donde por vez primera estuvo ociosa
bajo la dura lluvia de Temuco.

◇╍◇╍◇╍◇╍◇╍◇

El padre

El padre brusco vuelve
de sus trenes:
reconocimos
en la noche
el pito
de la locomotora
perforando la lluvia
con un aullido errante,
un lamento nocturno,
y luego
la puerta que temblaba:
el viento en una ráfaga
entraba con mi padre
y entre las dos pisadas y presiones
la casa
se sacudía,
las puertas asustadas
se golpeaban con seco
disparo de pistolas,
las escalas gemían
y una alta voz
recriminaba, hostil,
mientras la tempestuosa
sombra, la lluvia como catarata
despeñada en los techos
ahogaba poco a poco
el mundo

where for once she was idle
under the hard rain of Temuco.

❂❂❂❂❂❂❂❂❂❂

The Father

My blunt father comes back
from the trains.
We recognize
in the night
the whistle
of the locomotive
perforating the rain
with a wandering moan,
lament of the night,
and later
the door shivering open.
A rush of wind
came in with my father,
and between footsteps and drafts
the house
shook,
the surprised doors
banged with the dry
bark of pistols,
the staircase groaned,
and a loud voice,
complaining, grumbled
while the wild dark,
the waterfall rain
rumbled on the roofs
and, little by little,
drowned the world

y no se oía nada más que el viento
peleando con la lluvia.

Sin embargo, era diurno.
Capitán de su tren, del alba fría,
y apenas despuntaba
el vago sol, allí estaba su barba,
sus banderas
verdes y rojas, listos los faroles,
el carbón de la máquina en su infierno,
la Estación con los trenes en la bruma
y su deber hacia la geografía.

El ferroviario es marinero en tierra
y en los pequeños puertos sin marina
—pueblos del bosque— el tren corre que corre
desenfrenando la naturaleza,
cumpliendo su navegación terrestre.
Cuando descansa el largo tren
se juntan los amigos,
entran, se abren las puertas de mi infancia,
la mesa se sacude,
al golpe de una mano ferroviaria
chocan los gruesos vasos del hermano
y destella
el fulgor
de los ojos del vino.

Mi pobre padre duro
allí estaba, en el eje de la vida,
la viril amistad, la copa llena.
Su vida fue una rápida milicia
y entre su madrugar y sus caminos,
entre llegar para salir corriendo,
un día con más lluvia que otros días
el conductor José del Carmen Reyes
subió al tren de la muerte y hasta ahora no ha vuelto.

and all that could be heard was the wind
battling with the rain.

He was, however, a daily happening.
Captain of his train, of the cold dawn,
and scarcely had the sun
begun to show itself
than there he was with his beard,
his red and green
flags, his lamps prepared,
the engine coal in its little inferno,
the station with trains in the mist,
and his duty to geography.

The railwayman is a sailor on earth
and in the small ports without a sea line—
the forest towns—the train runs, runs,
unbridling the natural world,
completing its navigation of the earth.
When the long train comes to rest,
friends come together,
come in, and the doors of my childhood open,
the table shakes
at the slam of a railwayman's hand,
the thick glasses of companions jump
and the glitter
flashes out
from the eyes of the wine.

My poor, hard father,
there he was at the axis of existence,
virile in friendship, his glass full.
His life was a running campaign,
and between his early risings and his traveling,
between arriving and rushing off,
one day, rainier than other days,
the railwayman, José del Carmen Reyes,
climbed aboard the train of death, and so far has not come back.

El primer mar

Descubrí el mar. Salía de Carahue
el Cautín a su desembocadura
y en los barcos de rueda comenzaron
los sueños y la vida a detenerme,
a dejar su pregunta en mis pestañas.
Delgado niño o pájaro,
solitario escolar o pez sombrío,
iba solo en la proa,
desligado
de la felicidad, mientras
el mundo
de la pequeña nave
me ignoraba
y desataba el hilo
de los acordeones,
comían y cantaban
transeúntes
del agua y del verano,
yo, en la proa, pequeño
inhumano,
perdido,
aún sin razón ni canto,
ni alegría,
atado al movimiento de las aguas
que iban entre los montes apartando
para mí solo aquellas soledades,
para mí solo aquel camino puro,
para mí solo el universo.

Embriaguez de los ríos,
márgenes de espesuras y fragancias,
súbitas piedras, árboles quemados,

The First Sea

I discovered the sea. From Carahue
the river Cautín flowed to its estuary
and, in the paddleboats,
dreams and another life began to possess me,
leaving questions in my eyelashes.
A frail child, a bird,
a solitary student or a shadowy fish,
I stood alone in the prow,
aloof
from joy, while
the world
of the little ship,
unaware of me,
unwound the thread
of the accordions.
The passing visitors
of summer and the water
were eating and singing.
I, in the prow, small,
hardly human,
lost,
still without mind or voice,
or any joy,
transfixed by the movement of the water
flowing between the receding mountains—
mine alone were those solitary places,
mine alone that elemental pathway,
mine alone the universe.

Rapture of the rivers,
banks of thicket and fragrance,
sudden boulders, burnt-out trees,

y tierra plena y sola.
Hijo de aquellos ríos
me mantuve
corriendo por la tierra,
por las mismas orillas
hacia la misma espuma
y cuando el mar de entonces
se desplomó como una torre herida,
se incorporó encrespado de su furia,
salí de las raíces,
se me agrandó la patria,
se rompió la unidad de la madera:
la cárcel de los bosques
abrió una puerta verde
por donde entró la ola con su trueno
y se extendió mi vida
con un golpe de mar, en el espacio.

〰〰〰〰〰

La tierra austral

La gran frontera. Desde
el Bío-Bío
hasta Reloncaví, pasando
por
Renaico, Selva Oscura,
Pillanlelbún, Lautaro,
y más allá los huevos de perdices,
los densos musgos de la selva,
las hojas en el humus,
transparentes
—sólo delgados nervios—,
las arañas
de cabellera parda,

and land, ample and lonely.
Child of those rivers,
I kept on
traveling the earth
along the same river edges
toward the same sea-foam
and when the sea of that time
crashed down like a broken tower,
rose curling in its rage,
I broke free of my roots.
My country grew in size.
My world of wood split open.
The prison of the forests
opened a green door,
letting in the wave in all its thunder,
and, with the shock of the sea,
my life widened out into space.

❁❁❁❁❁❁❁❁

The South

The vast frontier. From
the Bío-Bío
as far as Reloncaví,
by way of
Renaico, Selva Oscura,
Pillanlelbún, Lautaro,
and even further, partridge eggs,
the dense mosses of the jungle,
leaves in leaf mold,
transparent
spiders,
no more than a filigree of nerves,
with clouded webs.

una culebra
como un escalofrío
cruza el estero oscuro,
brilla
y desaparece,
los hallazgos
del bosque,
el extravío
bajo
la bóveda, la nave,
la tiniebla del bosque,
sin rumbo,
pequeñísimo, cargado de alimañas,
de frutos, de plumajes,
voy perdido
en la más oscura
entraña de lo verde:
silban aves glaciales,
deja caer un árbol
algo que vuela y cae
sobre mi cabeza.

Estoy solo
en las selvas natales,
en la profunda
y negra Araucanía.
Hay alas
que cortan con tijeras el silencio,
una gota que cae
pesada y fría como
una herradura.
Suena y se calla el bosque:
se calla cuando escucho,
suena cuando me duermo,
entierro
los fatigados pies
en el detritus
de viejas flores, en las defunciones

A snake
like a shiver
crosses the dark swamp,
glistens
and disappears.
Discoveries
of the forest,
the sense of being lost
under
the arch, the nave,
the forest twilight
(aimless,
so small) bristling with rodents,
fruits, plumage—
I wander, lost
in the darkest
entrails of greenness.
Screech of glacial birds.
A tree lets fall
something which flies and drops
on my head.

I am alone
in the natal jungle,
in the deep
and black Araucania.
There are wings
which scissor at the silence,
a raindrop which falls
heavy and cold
like a horseshoe.
The forest sounds and is silent—
it is silent when I listen.
It sounds when I am asleep.
I bury
my tired feet
in the rot
of ancient flowers, in the decay

de aves, hojas y frutos,
ciego, desesperado,
hasta que un punto brilla:
es una casa.

Estoy vivo de nuevo.
Pero, sólo de entonces,
de los pasos perdidos,
de la confusa soledad, del miedo,
de las enredaderas,
del cataclismo verde, sin salida,
volví con el secreto:
sólo entonces y allí pude saberlo,
en la escarpada orilla de la fiebre,
allí, en la luz sombría,
se decidió mi pacto
con la tierra.

❀❀❀❀❀❀❀❀❀❀

El colegio de invierno

Colegio e invierno son dos hemisferios,
una sola manzana fría y larga,
pero bajo las salas descubrimos
subterráneos poblados por fantasmas,
y en el secreto mundo
caminamos
con respeto.

Es la sombra enterrada,
las luchas sin objeto
con espadas de palo,
bandas crepusculares
armadas de bellotas,

of birds, leaves, and fruit,
blind, despairing,
till a point of light appears—
a house.

I am alive again.
But only from that point,
from my lost steps,
from my bewildered solitude, from fear,
from the entangling vines,
from the torrential green, with no escape,
did I come back with the secret.
Only then and there could I realize it,
on the precipitous edge of fever.
There, in the somber light,
it was decided and made,
my contract with the earth.

❂❀❂❀❂❀❂❀❂

The School of Winter

School and winter are twin hemispheres,
a single apple, cold and huge,
but under the formal rooms we discover
underworlds peopled by ghosts,
and in the secret world
we wander
in awe.

It is the buried dark,
struggle without purpose
with wooden swords,
gangs of the twilight
armed with acorns,

hijos enmascarados
del escolar subsuelo.

Luego el río y el bosque, las ciruelas
verdes, y Sandokan y Sandokana,
la aventura con ojos de leopardo,
el verano color de trigo,
la luna llena sobre los jazmines,
y
todo cambia:
algo rodó del cielo,
se desprendió una estrella
o palpitó la tierra
en tu camisa,
algo increíble se mezcló a tu arcilla
y comenzó el amor a devorarte.

✤✜✤✜✤✜✤✜✤✜

El sexo

La puerta en el crepúsculo,
en verano.
Las últimas carretas
de los indios,
una luz indecisa
y el humo
de la selva quemada
que llega hasta las calles
con los aromas rojos,
la ceniza
del incendio distante.

Yo, enlutado,
severo,

the masked pupils
of the underground school.

Then, the river and the woods, the green
plums, and Sandokan and Sandokana,
the adventure with leopard eyes,
summer the color of wheat,
full moon over the jasmine,
and everything changing.
Something slid from the sky,
a falling star
or the earth quivered
inside your clothes.
Something eerie mixed with your flesh
and love began to devour you.

☙☙☙☙☙☙☙☙

Sex

The door at twilight,
in summer.
The last passing carts
of the Indians,
a wavering light
and the smoke
of forest fires
which comes as far as the streets
with the smell of red,
ash
of the distant burning.

I, in mourning,
grave,

ausente,
con pantalones cortos,
piernas flacas,
rodillas
y ojos que buscan
súbitos tesoros,
Rosita y Josefina
al otro lado
de la calle,
llenas de dientes y ojos,
llenas de luz y con voz como pequeñas
guitarras escondidas
que me llaman.
Y yo crucé
la calle, el desvarío,
temeroso,
y apenas
llegué
me susurraron,
me tomaron las manos,
me taparon los ojos
y corrieron conmigo,
con mi inocencia
a la Panadería.

Silencio de mesones, grave
casa del pan, deshabitada,
y allí las dos
y yo su prisionero
en manos de
la primera Rosita,
la última Josefina.
Quisieron
desvestirme,
me fugué, tembloroso,
y no podía
correr, mis piernas
no podían

withdrawn,
shorts,
thin legs,
knees,
and eyes on the look for
sudden treasures;
Rosita and Josefina
on the other side
of the street,
all teeth and eyes,
full of light, voices
like small, concealed guitars,
calling me.
And I crossed
the street, confused,
terrified;
and hardly
had I arrived
than they whispered to me,
they took my hands,
they covered my eyes
and they ran with me
and my innocence
to the bakehouse.

Silence of great tables, the serious
place of bread, empty of people;
and there, the two of them
and I, prisoner
in the hands of
the first Rosita
and the final Josefina.
They wanted to
undress me.
I fled, trembling,
but I couldn't
run, my legs
couldn't

llevarme. Entonces
las
fascinadoras
produjeron
ante mi vista
un milagro:
un minúsculo
nido
de avecilla salvaje
con cinco huevecitos,
con cinco uvas blancas,
un pequeño
racimo
de la vida del bosque,
y yo estiré
la mano,
mientras
trajinaban mi ropa,
me tocaban,
examinaban con sus grandes ojos
su primer hombrecito.

Pasos pesados, toses,
mi padre que llegaba
con extraños,
y corrimos
al fondo y a la sombra
las dos piratas
y yo su prisionero,
amontonados
entre las telarañas, apretados
bajo un mesón, temblando,
mientras el milagro,
el nido
de los huevecitos celestes
cayó y luego los pies de los intrusos
demolieron fragancia y estructura.
Pero, con las dos niñas

carry me. Then
the
enchantresses
brought out
before my eyes
a miracle:
the tiny nest
of a small wild bird
with five little eggs,
with five white grapes,
a small
cluster
of forest life,
and I reached out
my hand
while
they fumbled with my clothes,
touched me,
studied with their great eyes
their first small man.

Heavy footsteps, coughing,
my father arriving
with strangers,
and we ran
deep into the dark,
the two pirates
and I, their prisoner,
huddled
among spiderwebs,
squeezed
under a great table, trembling,
while the miracle,
the nest
with its small light-blue eggs,
fell and eventually the intruders' feet
crushed its shape and its fragrance.
But, with the two girls

en la sombra
y el miedo,
entre el olor de la harina,
los pasos espectrales,
la tarde que se convertía en sombra,
yo sentí que cambiaba
algo
en mi sangre
y que subía a mi boca,
a mis manos,
una eléctrica
flor,
la
flor
hambrienta
y pura
del deseo.

❂❁❂❁❂❁❂❁❂❁

La poesía

Y fue a esa edad . . . Llegó la poesía
a buscarme. No sé, no sé de dónde
salió, de invierno o río.
No sé cómo ni cuándo,
no, no eran voces, no eran
palabras, ni silencio,
pero desde una calle me llamaba,
desde las ramas de la noche,
de pronto entre los otros,
entre fuegos violentos
o regresando solo,
allí estaba sin rostro
y me tocaba.

in the dark,
and fear,
with the smell of flour,
the phantom steps,
the afternoon gradually darkening,
I felt that something was
changing
in my blood
and that to my mouth,
to my hands,
was rising
an electric
flower,
the
hungry,
shining
flower
of desire.

❀❀❀❀❀❀❀❀

Poetry

And it was at that age . . . poetry arrived
in search of me. I don't know, I don't know where
it came from, from winter or a river.
I don't know how or when,
no, they were not voices, they were not
words, not silence,
but from a street it called me,
from the branches of night,
abruptly from the others,
among raging fires
or returning alone,
there it was, without a face,
and it touched me.

Yo no sabía qué decir, mi boca
no sabía
nombrar,
mis ojos eran ciegos,
y algo golpeaba en mi alma,
fiebre o alas perdidas,
y me fui haciendo solo,
descifrando
aquella quemadura,
y escribí la primera línea vaga,
vaga, sin cuerpo, pura
tontería,
pura sabiduría
del que no sabe nada,
y vi de pronto
el cielo
desgranado
y abierto,
planetas,
plantaciones palpitantes,
la sombra perforada,
acribillada
por flechas, fuego y flores,
la noche arrolladora, el universo.

Y yo, mínimo ser,
ebrio del gran vacío
constelado,
a semejanza, a imagen
del misterio,
me sentí parte pura
del abismo,
rodé con las estrellas,
mi corazón se desató en el viento.

I didn't know what to say, my mouth
had no way
with names,
my eyes were blind.
Something knocked in my soul,
fever or forgotten wings,
and I made my own way,
deciphering
that fire,
and I wrote the first, faint line,
faint, without substance, pure
nonsense,
pure wisdom
of someone who knows nothing;
and suddenly I saw
the heavens
unfastened
and open,
planets,
palpitating plantations,
the darkness perforated,
riddled
with arrows, fire, and flowers,
the overpowering night, the universe.

And I, tiny being,
drunk with the great starry
void,
likeness, image of
mystery,
felt myself a pure part
of the abyss.
I wheeled with the stars.
My heart broke loose with the wind.

La timidez

Apenas supe, solo, que existía
y que podría ser, ir continuando,
tuve miedo de aquello, de la vida,
quise que no me vieran,
que no se conociera mi existencia.
Me puse flaco, pálido y ausente,
no quise hablar para que no pudieran
reconocer mi voz, no quise ver
para que no me vieran,
andando, me pegué contra el muro
como una sombra que se resbalara.

Yo me hubiera vestido
de tejas rotas, de humo,
para seguir allí, pero invisible,
estar presente en todo, pero lejos,
guardar mi propia identidad oscura
atada al ritmo de la primavera.

Un rostro de muchacha, el golpe puro
de una risa partiendo en dos el día
como en dos hemisferios de naranja,
y yo cambié de calle,
ansioso de la vida y temeroso,
cerca del agua sin beber el frío,
cerca del fuego sin besar la llama,
y me cubrió una máscara de orgullo,
y fui delgado, hostil como una lanza,
sin que escuchara nadie
—porque yo lo impedía—
mi lamento
encerrado

Shyness

I scarcely knew, by myself, that I existed,
that I'd be able to be, and go on being.
I was afraid of that, of life itself.
I didn't want to be seen,
I didn't want my existence to be known.
I became pallid, thin, and absentminded.
I didn't want to speak so that nobody
would recognize my voice, I didn't want
to see so that nobody would see me.
Walking, I pressed myself against the wall
like a shadow slipping away.

I would have dressed myself
in red roof tiles, in smoke,
to continue there, but invisible,
to attend everything, but at a distance,
to keep my own obscure identity
fastened to the rhythm of the spring.

A girl's face, the pure surprise
of a laugh dividing the day in two
like the two hemispheres of an orange,
and I shifted to another street,
unnerved by life and tentative,
close to water without tasting its coolness,
close to fire without kissing its flame,
and a mask of pride encased me,
and I was thin and arrogant as a spear,
unlistening, unlistened to
(I made that impossible),
my lament
buried deep

como la voz de un perro herido
desde el fondo de un pozo.

❖❖❖❖❖❖❖❖❖❖

Las Pacheco

No ha pasado aquel año
sin número ni nombre,
ni su cola desierta
ha desgranado
ciruelas ni semanas:
todo quedó escondido
debajo de mi frente.
Cierro los ojos y algo está quemándose,
bosques, praderas bailan en el humo,
y entro indeciso
por
aquellas puertas
que ya no existen, torres que murieron.

Fue aquella vez del día del verano.
Después del sol fluvial, desde Carahue
llegamos a la desembocadura
de Puerto Amor
que se llamaba
Puerto
Saavedra, caserío
de pequeñitas casas
golpeadas por el puño
del invierno.
Cinc y madera, muelles desdentados,
pinos de las orillas,
almacenes
con Fagaldes, Mariettas,

like the whine of a hurt dog
at the bottom of a well.

The Pachecos

That year has not passed
unnamed, unnumbered,
nor has its deserted trail
scattered
plums or weeks.
Everything stayed hidden
behind my forehead.
I close my eyes and something is burning.
Woods, meadows dance in the smoke
and I enter, uncertain,
through
those doors
that now do not exist, dead towers.

It was that time on a summer day.
After the river sun, from Carahue
we arrived at the river mouth
of Puerto Amor
which was called
Puerto
Saavedra, a village
of tiny houses
beaten by the fist
of winter.
Zinc and wood, toothless quays,
pine trees on the riverbanks,
stores
with Fagaldes, Mariettas,

casas de enredaderas y Parodis,
y una entre todas
donde
entramos
mamadre, hermana, niños y colchones.

Oh galerías ocultando
el aroma
de madreselva en quiosco, flor trepante
con miel y soledad, quiosco vacío
que llené niebla a niebla con palomas,
con la más díscola melancolía.
Casa de los Pacheco!
Oh recuerdo
florido,
y por primera vez
el patio de amapolas!
Las blancas deshojaban
la blancura
o elevaban
las manos
del invierno,
las rojas
estampaban
súbita sangre
y
bocas laceradas,
y las negras
subían
sus serpientes de seda
y estallaban
en piel nocturna, en senos
africanos.

Las Pacheco leían
en la noche *Fantomas*
en voz alta
escuchando

houses with vines and Parodis,
and one among them
which
we entered,
more-mother, sister, children, and mattresses.

Oh, porches concealing
the scent
of honeysuckle in the summerhouse, climbing flower
of honey and solitude, empty summerhouse
which I filled from fog to fog with doves,
with a most withdrawn melancholy.
The Pachecos' house!
Oh, flowering
memory,
and for the first time
the patio full of poppies!
The white ones took a leaf from
whiteness itself
or held up
the hands
of winter,
the red ones
imprinted
sudden blood
and torn mouths,
and the black ones
climbed up
their silken serpents
and erupted
in nocturnal skin, in African
breasts.

At night the Pachecos read
the Fantômas books aloud,
listening

alrededor del fuego, en la cocina,
y yo dormía oyendo
las hazañas,
las letras del puñal, las agonías,
mientras por vez primera
el trueno del Pacífico
iba desarrollando sus barriles
sobre mi sueño.
                  Entonces
mar y voz se perdían
sobre las amapolas
y mi pequeño corazón entraba
en la total embarcación del sueño.

❀❀❀❀❀❀❀❀❀❀

El lago de los cisnes

Lago Budi, sombrío, pesada piedra oscura,
agua entre grandes bosques insepulta,
allí te abrías como puerta subterránea
cerca del solitario mar del fin del mundo.
Galopábamos por la infinita arena
junto a las millonarias espumas derramadas,
ni una casa, ni un hombre, ni un caballo,
sólo el tiempo pasaba y aquella orilla verde
y blanca, aquel océano.
Luego hacia las colinas y, de pronto,
el lago, el agua dura y escondida,
compacta luz, alhaja del anillo terrestre.
Un vuelo blanco y negro: los cisnes ahuyentaron
largos cuellos nocturnos, patas de cuero rojo,
y la nieve serena volando sobre el mundo.

Oh vuelo desde el agua equivalente,

round the fire, in the kitchen,
and I went to sleep hearing
the exploits,
the law of the dagger, the suffering,
while for the first time
the thunder of the Pacific
went on rolling its barrels
across my dream.
          Then
sea and voice began to lose themselves
among the poppies
and my small heart set out on
the great ship of dreams.

❂❂❂❂❂❂❂❂

Swan Lake

Lake Budi, in shadow, dark and heavy stone,
water among the vast unburied forests,
there you opened yourself like an underground door
beside that lonely sea at the world's end.
We galloped along the infinite sand
close to the prodigal and teeming foam,
neither house nor man nor horse,
only time passing and that green and white
shore, that ocean.
Later, into the hills and, suddenly,
the lake, its waters hard and hidden,
compacted light, jewel set in a ring of earth.
A black-and-white flying: the swans took flight,
long necks of night, feet of red leather,
and a placid snow flying over the world.

Oh, the flight from the mirroring water,

mil cuerpos destinados a la inmóvil belleza
como la transparente permanencia del lago.
De pronto todo fue carrera sobre el agua,
movimiento, sonido, torres de luna llena,
y luego alas salvajes que desde el torbellino
se hicieron orden, vuelo, magnitud sacudida,
y luego ausencia, un temblor blanco en el vacío.

❂❂❂❂❂❂❂❂

El niño perdido

Lenta infancia de donde
como de un pasto largo
crece el duro pistilo,
la madera del hombre.

Quién fui? Qué fui? Qué fuimos?

No hay respuesta. Pasamos.
No fuimos. Éramos. Otros pies,
otras manos, otros ojos.
Todo se fue mudando hoja por hoja
en el árbol. Y en ti? Cambió tu piel,
tu pelo, tu memoria. Aquél no fuiste.
Aquél fue un niño que pasó corriendo
detrás de un río, de una bicicleta,
y con el movimiento
se fue tu vida con aquel minuto.
La falsa identidad siguió tus pasos.
Día a día las horas se amarraron,
pero tú ya no fuiste, vino el otro,
el otro tú, y el otro hasta que fuiste,
hasta que te sacaste
del propio pasajero,

a thousand bodies aimed at a beautiful stillness
like the transparent permanence of the lake.
Suddenly, all was racing over the water,
movement, sound, towers of the full moon,
and then, wild wings, which out of the whirlwind
turned into order, flight, realized vastness,
and then absence, a white shivering in the void.

<hr />

The Lost Child

A slow childhood out of which,
as out of long grass,
grows the durable pistil,
the wood of the man.

Who was I? What was I? What were we?

There is no answer. We happened.
We were not. We kept on being. Other feet,
other hands, other eyes.
Everything kept changing leaf by leaf
on the tree. And you? Your skin changed,
your hair, your memory. You were not that other one.
That other one was a child who passed, running
after a river, after a bicycle,
and with movement
your life was gone with that moment.
A false identity walked in your footsteps.
Day after day the hours gathered,
but you were not there now, the other one came,
the other you, the other until you became,
until
from the train, from the wagons of your life,

del tren, de los vagones de la vida,
de la substitución, del caminante.
La máscara del niño fue cambiando,
adelgazó su condición doliente,
aquietó su cambiante poderío:
el esqueleto se mantuvo firme,
la construcción del hueso se mantuvo,
la sonrisa,
el paso, un gesto volador, el eco
de aquel niño desnudo
que salió de un relámpago,
pero fue el crecimiento como un traje!
Era otro el hombre y lo llevó prestado.

Así pasó conmigo.

De silvestre
llegué a ciudad, a gas, a rostros crueles
que midieron mi luz y mi estatura,
llegué a mujeres que en mí se buscaron
como si a mí se me hubieran perdido,
y así fue sucediendo
el hombre impuro,
hijo del hijo puro,
hasta que nada fue como había sido,
y de repente apareció en mi rostro
un rostro de extranjero
y era también yo mismo:
era yo que crecía,
eras tú que crecías,
era todo,
y cambiamos
y nunca más supimos quiénes éramos,
y a veces recordamos
al que vivió en nosotros
y le pedimos algo, tal vez que nos recuerde,
que sepa por lo menos que fuimos él, que hablamos
con su lengua,

from substitution, from your traveling self,
you brought a new self into being.
The child's mask began to change,
his pain diminished,
his self stopped shifting.
The skeleton held still,
the bone structure stayed firm,
the smile,
the walk, the odd gesture, the echo
of that naked child
who started from a lightning flash,
but growing up was like a new suit
which the other one, the man, borrowed and wore.

That's what happened with me.

From the woods
I arrived in the city, gas, cruel faces
taking stock of my being and my size,
I arrived among women who sought themselves in me
as if I had lost them,
and so he went on happening,
the impure man,
child of the pure child,
until nothing was as it had been,
and suddenly there appeared in my face
the face of a stranger
and it was also I:
it was a growing I,
it was a growing you,
it was everything,
but we change.
We no longer knew who we were,
and at times we remember
the one who lived in us
and we ask him something, perhaps to remember us,
to know at least we were he, that we speak
with his voice,

pero desde las horas consumidas
aquél nos mira y no nos reconoce.

❖❖❖❖❖❖❖❖❖❖

La condición humana

Detrás de mí hacia el Sur, el mar había
roto los territorios con su glacial martillo,
desde la soledad arañada el silencio
se convirtió de pronto en archipiélago,
y verdes islas fueron ciñendo la cintura
de mi patria
como polen o pétalos de una rosa marina
y, aún más, eran profundos los bosques encendidos
por luciérnagas, el lodo era fosforescente,
dejaban caer los árboles largos cordeles secos
como en un circo, y la luz iba de gota en gota
como la bailarina verde de la espesura.

Yo crecí estimulado por razas silenciosas,
por penetrantes hachas de fulgor maderero,
por fragancias secretas de tierra, ubres y vino:
mi alma fue una bodega perdida entre los trenes
en donde se olvidaron durmientes y barricas,
alambre, avena, trigo, cochayuyo, tablones,
y el invierno con sus negras mercaderías.

Así mi cuerpo fue extendiéndose, de noche
mis brazos eran nieve,
mis pies el territorio huracanado,
y crecí como un río al aguacero,
y fui fértil con todo
lo que caía en mí, germinaciones,

but across the used-up years
he looks at us and doesn't recognize us.

The Human Condition

Behind me, to the south, the sea
had shattered the land with its glacial hammer.
From the scratched solitude, the silence
suddenly became an archipelago
and green islands girdled
the waist of my country
like pollen or petals from a marine rose
and, even more, the forests lit by fireflies
were endless, the mud was phosphorescent.
The trees trailed long, dry cords
as in a circus, and light went from drop to drop
like a green dancer through the undergrowth.

I grew up fired by silent races,
by axes cutting with a woodsman's pride,
by secret earth smells, udders, and wine.
My spirit was a wineshop lost among the trains
filled with abandoned sleepers and wine casks,
wire, oats, wheat, cochayuyo, wooden slabs,
and winter with its gloomy merchandise.

So my body went on growing, by night,
my arms were snow,
my feet hurricanes,
I grew like a river in a downpour,
I was fertile in everything
that happened to me, germination,

cantos entre hoja y hoja, escarabajos
que procreaban, nuevas
raíces que ascendieron
al rocío,
tormentas que aún sacuden
las torres del laurel, el racimo escarlata
del avellano, la paciencia
sagrada del alerce,
y así mi adolescencia
fue territorio, tuve
islas, silencio, monte, crecimiento,
luz volcánica, barro de caminos,
humo salvaje de palos quemados.

✿✿✿✿✿✿✿✿✿
───────────

La injusticia

Quien descubre el quién soy descubrirá el quién eres.
Y el cómo, y el adónde.
Toqué de pronto toda la injusticia.
El hambre no era sólo hambre,
sino la medida del hombre.
El frío, el viento, eran también medidas.
Midió cien hambres y cayó el erguido.
A los cien fríos fue enterrado Pedro.
Un solo viento duró la pobre casa.
Y aprendí que el centímetro y el gramo,
la cuchara y la lengua medían la codicia,
y que el hombre asediado se caía de pronto
a un agujero, y ya no más sabía.
No más, y ése era el sitio,
el real regalo, el don, la luz, la vida,
eso era, padecer de frío y hambre,
y no tener zapatos y temblar

songs from leaf to leaf, scarabs
which procreated, new
roots which rose to
the surface,
storms which still shake
the laurel towers, the scarlet bough
of the hazel tree, the holy
patience of the larch;
and so my adolescence
was landscape, I had
islands, silence, mountains, growing,
volcanic light, mud of the roads,
the wild smoke of burning logs.

***

The Injustice

Whoever discovers the who of me will find out the who of you,
and the why, and the where.
Early on, I discovered the range of injustice.
Hunger was not just hunger,
but rather the measure of man.
Cold and wind were also measures.
The proud man racked up a hundred hungers, then fell.
Pedro was buried at the hundredth frost.
The poor house endured a single wind.
And I learned that centimeter and gram,
spoon and tongue, were measures of greed,
and that the harassed man soon fell
in a hole, and knew no more.
Nothing more. That was the setting,
the real gift, the reward, light, life.
That was it, suffering cold and hunger,
not having shoes, feeling fear

frente al juez, frente a otro,
a otro ser con espada o con tintero,
y así a empellones, cavando y cortando,
cosiendo, haciendo pan, sembrando trigo,
pegándole a cada clavo que pedía madera,
metiéndose en la tierra como en un intestino
para sacar, a ciegas, el carbón crepitante
y, aún más, subiendo ríos y cordilleras,
cabalgando caballos, moviendo embarcaciones,
cociendo tejas, soplando vidrios, lavando ropa,
de tal manera que parecería
todo esto el reino recién levantado,
uva resplandeciente del racimo,
cuando el hombre se decidió a ser feliz,
y no era, no era así. Fui descubriendo
la ley de la desdicha,
el trono de oro sangriento,
la libertad celestina,
la patria sin abrigo,
el corazón herido y fatigado,
y un rumor de muertos sin lágrimas,
secos, como piedras que caen.
Y entonces dejé de ser niño
porque comprendí que a mi pueblo
no le permitieron la vida
y le negaron sepultura.

❖❖❖❖❖❖❖❖❖❖

Los abandonados

No sólo el mar, no sólo costa, espuma,
pájaros de insumiso poderío,
no sólo aquellos y estos anchos ojos,
no sólo la enlutada noche con sus planetas,

in front of the judge, in front of the other one,
the other being with his sword or his inkwell,
and so, digging and cutting,
sewing, making bread, planting wheat,
hammering every nail the wood needed,
burrowing in the earth as in intestines
to drag out, blind, the crackling coal,
and, even more, going up rivers and mountains,
riding horses, tending to ships,
baking tiles, blowing glass, washing clothes
in such a way as to make that seem
a kingdom newly brought into being,
grapes shining in their clusters,
when man set his mind on being content,
and was not, and was not so. I was discovering
the laws of misery,
the throne of bloodstained gold,
the whore freedom,
the land with no overcoat,
the wounded, worn-out heart,
and the sound of the dead, tearless,
dry, like falling stones.
And then I left off being a child
because I understood then that for my people
life was not allowed
and the grave was forbidden them.

❂❂❂❂❂❂❂❂❂❂

The Abandoned

Not just sea, not just coast, foam,
birds in their inviolable presence,
not just those, and other wide-set eyes,
not only the grieving night with its planets,

no sólo la arboleda con su alta muchedumbre,
sino dolor, dolor, el pan del hombre.
Pero, por qué? Y entonces yo era
delgado como filo y más oscuro
que un pez de aguas nocturnas, y no pude,
no pude más, de un golpe quise cambiar la tierra.
Me pareció morder de pronto la hierba más amarga,
compartir un silencio manchado por el crimen.
Pero en la soledad nacen y mueren cosas,
la razón crece y crece hasta ser desvarío,
el pétalo se extiende sin llegar a la rosa,
la soledad es el polvo inútil del mundo,
la rueda que da vueltas sin tierra, ni agua, ni hombre.
Y así fue como grité perdido
y qué se hizo aquel grito desbocado en la infancia?
Quién oyó? Qué boca respondió? Qué camino tomé?
Qué respondieron
los muros cuando los golpeó mi cabeza?
Sube y vuelve la voz del débil solitario,
gira y gira la rueda atroz de las desdichas,
subió y volvió aquel grito, y no lo supo nadie,
no lo supieron ni los abandonados.

✧✦✧✦✧✦✧✦✧✦✧

Las supersticiones

Tío Genaro volvía
de las montañas. El hombre
no tenía un hueso completo:
todo se lo rompió la tierra,
el caballo, la bala, el toro,
la piedra, la nieve, la suerte.
Dormía, a veces, en mi cuarto.
Luchaba con sus piernas tiesas

not only the forest with its multitudes,
but pain, pain, the bread of man.
But why? At that time I was
thin as a blade, and darker
than a fish in night water, and I'd had enough,
enough, I wanted to change the planet at a stroke.
It suddenly seemed to me like eating bitter grass
to share a silence stained by crimes.
But in solitude things are born and die.
Reason grows and grows until it becomes madness.
The petal grows without becoming a rose.
Solitude is the useless dust of the world,
the wheel that goes round without earth, or water, or man.
That was how I cried out in my lostness
and what became of that cry in my childhood mouth?
Who heard it? What voice replied? What path did I take?
What did the walls answer
when I beat my head against them?
It goes and comes, the voice of the feeble solitary,
it goes round and round, the terrible wheel of the lonely,
it went up and came back, that cry, and nobody knew it,
not even the abandoned.

⊙⋅⊙⋅⊙⋅⊙⋅⊙⋅⊙⋅⊙

Superstitions

Uncle Genaro would come back
from the mountains. The man
hadn't a whole bone in his body.
Everything had been broken by the earth,
horses, bullets, bulls,
stones, snow, his luck.
He slept at times in my room.
He struggled on his stiff legs

para meterse en su cama
como montándose a un caballo.
Resoplaba, maldecía, arrastraba,
escupiendo, las botas mojadas
y al fin, fumando, abría la boca
de los sucesos de la selva.
Así supe cómo el Maligno,
echando aliento de azufre,
se le apareció a Juan Navarro
implorándole fuego. Por suerte
antes de casi condenarse
Juan Navarro divisó su rabo
infernal, eléctrico, hirsuto,
por el suelo, debajo del poncho,
y tomando el rebenque azotó
sólo el vacío porque el Diablo
se disolvió, se volvió rama,
aire, noche de viento frío.
Ay qué Demonio más mañoso!

Genaro Candia fuma y fuma
mientras la gran lluvia de julio
cae y cae sobre Temuco,
y así la raza de la lluvia
procreaba sus religiones.

Aquella voz cascada, lenta
voz de intersticios, de quebradas,
voz del boldo, del aire frío,
de la racha, de las espinas,
aquella voz que reconstruía
el paso del puma sangriento,
el estilo negro del cóndor,
la enmarañada primavera
cuando no hay flor sino volcanes,
no hay corazón sino monturas,
las bestias despiadadas que caen
a los abismos, saltó la chispa

to get into bed
as though he were mounting a horse.
He grunted, he cursed, he dragged off
his wet boots, spitting as he did so,
and, in the end, smoking,
he'd start to talk about happenings in the jungle.
That's how I know that the Devil,
breathing sulfur fumes,
appeared to Juan Navarro,
begging him for a light. Luckily,
before he committed himself,
Juan Navarro noticed the tail,
the electric, hairy tail of the Devil,
on the floor, under his poncho,
and, seizing his whip, he scourged
the emptiness, because the Devil
dissolved, became a branch,
air, or the cold night wind.
He's tricky, the old Devil!

Genaro Candia smokes, smokes
while the great rain of July
falls and falls on Temuco,
and so the people of the rain
brought their religions into being.

That waterfalling voice, slow
voice of intervals, of breakings,
voice of boldo tree, of cold air,
of gusts of wind, of thorn,
that voice which reconstructed
footprints of the wounded puma,
the black ways of the condor,
the entanglement of the spring,
when flowers do not come without volcanoes,
hearts without saddles,
vicious animals falling
in the abyss, the spark springing

de un abanico de herraduras,
y luego sólo la muerte,
sólo el sinfín de la selva.
Don Genaro de poca lengua
sílaba a sílaba traía
sudor, sangre, espectros, heridas,
fuma que fuma, tío Genaro.
El dormitorio se llenó
de perros, de hojas, de caminos,
y escuché cómo en las lagunas
acecha un inocente cuero
flotante que apenas lo tocas
se convierte en bestia infernal
y te atrae hacia lo profundo,
hacia las desapariciones,
allí donde viven los muertos
en el fondo no sé dónde,
los decapitados del bosque,
los succionados por murciélagos
de alas inmensas y sedosas.
Todo era resbaladizo.
Cualquier sendero, un animal
que andaba solo, un fuego
que se paseaba en las praderas,
un caminante a plena luna,
un zorro suave que cojeaba,
una hoja oscura que caía.
Apenas se alcanza a tocar
el escapulario, la cruz,
a persignarse, luego, fósforo,
cuerno quemado, azufre negro.
Pero no sólo en la intemperie
acecha el Malo, el tenebroso.
En lo profundo de las casas
un gemido, un lamento umbrío,
un arrastrarse de cadenas,
y la mujer muerta que acude
siempre a la nocturna cita,

from a fan of horseshoes,
and later, death alone,
the interminable jungle.
Don Genaro, spare of words,
syllable by syllable, invoked
sweat, blood, ghosts, and wounds,
Uncle Genaro, smoking, smoking.
The bedroom filled up
with dogs, leaves, journeys,
and I listened to how in the lagoons
you watched an innocent, floating skin
which, as you reach to touch it,
turns into a horrendous beast,
daring you to disaster,
to disappearances,
there in the land of the dead
in the depths of who-knows-where,
the headless ones of the woods,
the ones drained by bats
with enormous silky wings.
Everything was slippery.
Any path, any animal
out on its own, a fire
prowling in the fields,
a wanderer under the full moon,
a sleek fox which limped,
a dark leaf which fell.
Hardly have you reached to touch
the cross, the relic,
to cross yourself, than the phosphorous comes,
the burnt horn, the smell of sulfur.
But not only in the open air
does the Evil One approach, the dark deceiver.
In the depths of houses,
a groan, a shadowy lament,
a rattling of chains,
and the dead woman who never misses
her nocturnal appointments,

y don Francisco Montero
que vuelve a buscar su caballo
allá abajo, junto al molino,
donde pereció con su esposa.

La noche es larga, la lluvia es larga,
diviso el fuego interminable
del cigarrillo, fuma, fuma
Genaro Candia, cuenta y cuenta.
Tengo miedo. Cae la lluvia
y entre el agua y el Diablo caigo
a una quebrada con azufre,
al infierno con sus caballos,
a las montañas desbocadas.

Me quedé dormido en el sur
muchas veces, oyendo lluvia,
mientras mi tío Genaro
abría aquel saco oscuro
que traía de las montañas.

⊙⊦⊙⊦⊙⊦⊙⊦⊙⊦⊙⊦⊙

Los libros

Libros sagrados y sobados, libros
devorados, devoradores,
secretos,
en las faltriqueras:
Nietzsche, con olor a membrillos,
y subrepticio y subterráneo,
Gorki caminaba conmigo.
Oh aquel momento mortal
en las rocas de Víctor Hugo
cuando el pastor casa a su novia

and Don Francisco Montero
who comes back to claim his horse
there, below, beside the mill,
where he perished with his wife.

Night lasts a long time, rain is long.
I make out the endless glow
of the cigarette, he smokes and smokes,
Genaro Candia, he talks and talks.
I'm afraid. It's raining,
and between the water and the Devil, I fall
into a sulfur ravine,
into hell with its horses,
and runaway mountains.

Many times, listening to the rain,
I fell asleep in the South
while my Uncle Genaro
opened that dark sack
which he brought from the mountains.

❀❀❀❀❀❀❀❀

Books

Books holy and worn, books
devoured and devouring,
secret,
hidden in pockets:
Nietzsche, smelling of quince,
and Gorky were my companions,
underground, surreptitious.
Oh, that mortal moment
on the rocks in Victor Hugo
when the shepherd marries his love

después de derrotar al pulpo,
y el Jorobado de París
corre circulando en las venas
de la gótica anatomía.
Oh María de Jorge Isaacs,
beso blanco en el día rojo
de las haciendas celestes
que allí se inmovilizaron
con el azúcar mentiroso
que nos hizo llorar de puros.

Los libros tejieron, cavaron,
deslizaron su serpentina
y poco a poco, detrás
de las cosas, de los trabajos,
surgió como un olor amargo
con la claridad de la sal
el árbol del conocimiento.

❁❀❁❀❁❀❁❀❁

El Tren Nocturno

Oh largo Tren Nocturno,
muchas veces
desde el sur hacia el norte,
entre ponchos mojados,
cereales,
botas tiesas de barro,
en Tercera,
fuiste desenrollando geografía.
Tal vez comencé entonces
la página terrestre,
aprendí los kilómetros

after destroying the octopus,
and *The Hunchback of Notre Dame*
keeps coursing through the veins
of Gothic anatomy.
Jorge Isaacs's *María,*
white embrace in the lurid time
of heavenly haciendas,
so paralyzing
in the sugar of its lies
that it made us cry in our innocence.

Books wove and mined
and slithered their coils
and little by little, behind
the face of things, behind working,
there grew, like a bitter odor,
with the clarity of salt,
the tree of knowledge.

✿┼✿┼✿┼✿┼✿┼✿

The Night Train

The long night train.
So often,
south to north,
with wet ponchos,
grain,
boots clogged with mud,
in third class,
you ran on, unwinding geography.
Perhaps it was then I began
my diary of the earth.
I learned the kilometers

del humo,
la extensión del silencio.

Pasábamos Lautaro,
robles, trigales, tierra
de luz sonora y agua
victoriosa:
los largos rieles continuaban lejos,
más lejos los caballos de la patria
iban atravesando
praderas
plateadas,
de pronto
el alto puente del Malleco,
fino
como un violín
de hierro claro,
después la noche y luego
sigue, sigue
el Tren Nocturno entre las viñas.

Otros eran los nombres
después de San Rosendo
en donde se juntaban
a dormir todas las locomotoras,
las del Este y Oeste,
las que venían desde el Bío-Bío,
desde los arrabales,
desde el destartalado puerto de Talcahuano
hasta las que traían envuelto en vapor verde
las guitarras y el vino patricio de Rancagua.
Allí dormían
trenes
en el nudo
ferruginoso y gris de San Rosendo.

Ay, pequeño estudiante,
ibas cambiando

of smoke,
the spread of silence.

We went past Lautaro,
oak trees, wheatfields, earth
in a grave light and triumphant
water.
The long rails went on, far on.
Beyond that, the horses of my country
kept on crossing
silver
prairies,
and suddenly
the high bridge of Malleco,
delicate
like a violin
of sheer iron,
then night and then
on, on,
the night train crossing the vineyards.

There were other names
after San Rosendo,
where all the locomotives
gathered for their sleep,
those from east and west,
those from the Bío-Bío,
those from outlying parts,
from the shabby port of Talcahuano,
and those which brought, veiled in green steam,
guitars and the native wine of Rancagua.
There the trains
slept
in the iron-gray
knot of San Rosendo.

Yes, little student,
you kept changing

de tren y de planeta,
entrabas
en poblaciones pálidas de adobes,
polvo amarillo y uvas.
A la llegada ferroviaria, caras
en el sitio de los centauros,
no amarraban caballos sino coches,
primeros automóviles.
Se suavizaba el mundo
y cuando
miré hacia atrás,
llovía,
se perdía mi infancia.
Entró el Tren fragoroso
en Santiago de Chile, capital,
y ya perdí los árboles,
bajaban las valijas
rostros pálidos, y vi por vez primera
las manos del cinismo:
entré en la multitud que ganaba o perdía,
me acosté en una cama que no aprendió a esperarme,
fatigado dormí como la leña,
y cuando desperté
sentí un dolor de lluvia:
algo me separaba de mi sangre
y al salir asustado por
la calle
supe, porque sangraba,
que me habían cortado las raíces.

trains and planets;
you came across
pale townships of adobe,
yellow dust and grapes.
At the place where the train arrived, faces
in the place of centaurs,
not lines of horses but cars,
the first automobiles.
The world was growing easier,
and when
I looked backward,
it was raining,
my childhood was disappearing.
The train thundered into
Santiago de Chile, the capital,
and by this time I had lost my trees.
Pale faces
unloaded my bags, and I saw for the first time
the hands of cynics.
I joined a mob of winners and losers.
I slept in a bed not ready for me.
Exhausted, I slept like wood,
and when I woke,
I felt the agony of the rain.
Something was separating me from my blood
and, going out in shock to
the street,
I knew (because I was bleeding)
that my roots had been cut off.

La pensión de la calle Maruri

Una calle Maruri.
Las casas no se miran, no se quieren,
sin embargo, están juntas.
Muro con muro, pero
sus ventanas
no ven la calle, no hablan,
son silencio.

Vuela un papel como una hoja sucia
del árbol del invierno.

La tarde quema un arrebol. Inquieto
el cielo esparce fuego fugitivo.

La bruma negra invade los balcones.

Abro mi libro. Escribo
creyéndome
en el hueco
de una mina, de un húmedo
socavón abandonado.
Sé que ahora no hay nadie,
en la casa, en la calle, en la ciudad amarga.
Soy prisionero con la puerta abierta,
con el mundo abierto,
soy estudiante triste perdido en el crepúsculo,
y subo hacia la sopa de fideos
y bajo hasta la cama y hasta el día siguiente.

The Rooming House on the Calle Maruri

A street, Maruri.
The houses neither look at nor like each other.
Nevertheless, they are attached,
wall to wall, but
their windows
don't see the street, don't speak.
They are silence.

A paper flies like a grimy leaf
from the tree of winter.

The afternoon kindles a sunset. Disturbed,
the sky spreads fugitive fire.

Black fog invades the balconies.

I open my book. I write
as if I were
in the shaft
of a mine, a damp
abandoned gallery.
I know that now there is nobody,
in the house, in the street, in the bitter city.
I am a prisoner with the door open,
with the world open.
I am a wistful student lost in the twilight,
and I climb to the noodle soup
and descend to my bed and the following day.

La luna en el laberinto

The Moon in the Labyrinth

Amores: Terusa (I)

Y cómo, en dónde yace
aquel
antiguo amor?
Es ahora
una tumba de pájaro, una gota
de cuarzo negro,
un trozo
de madera roída por la lluvia?

Y de aquel cuerpo que como la luna
relucía en la oscura primavera
del Sur,
qué quedará?
La mano
que sostuvo
toda la transparencia y el rumor
del río sosegado,
los ojos en el bosque,
anchos, petrificados
como los minerales de la noche,
los pies
de la muchacha de mis sueños,
pies de espiga, de trigo, de cereza,
adelantados, ágiles, volantes,
entre mi infancia pálida y el mundo?
Dónde está el amor muerto?
El amor, el amor,
dónde se va a morir?
A los graneros
remotos,

Loves: Terusa (I)

And what has become of it, where
is that
onetime love?
Now it is
the grave of a bird, a drop
of black quartz,
a chunk
of wood eroded by the rain.

And that body which shone
like the moon in that remote
Southern spring?
What remains of it?
These hands
which held
all clearness, the murmur
of the gentle river,
wide eyes in the wood,
petrified
like minerals in the night,
those feet
of the young girl of my dreams,
feet of flowers, feet of wheat, feet of cherries,
ready, quick, flying,
between my timid childhood and the world?
Where is my dead love?
Love, love,
where does it go to die?
To secret granaries,

al pie de los rosales que murieron
bajo los siete pies de la ceniza
de aquellas casas pobres
que se llevó un incendio de la aldea?

Oh amor
de la primera luz del alba,
del mediodía acérrimo
y sus lanzas,
amor con todo el cielo
gota a gota
cuando la noche cruza
por el mundo
en su total navío,
oh amor
de soledad
adolescente,
oh gran violeta
derramada
con aroma y rocío
y estrellada frescura
sobre el rostro:
aquellos besos
que
trepaban
por la piel, enramándose y mordiendo,
desde los puros cuerpos extendidos
hasta la piedra azul de la nave nocturna.

Terusa de ojos anchos,
a la luna
o al sol de invierno, cuando
las provincias
reciben el dolor, la alevosía
del olvido inmenso
y tú brillas, Terusa,
como el cristal quemado
del topacio,

under rosebushes which withered
beneath some seven feet of ash
from those miserable houses
burned out by a village fire?

Oh, love
of that first dawn light,
of fierce noon
with its spears,
love taking in the whole sky
drop by drop
when the great ship of night
passes over the world.
Oh, that love
in the loneliness
of adolescence,
oh, the violet
overflowing
with perfume and dew,
fresh as stars
over the face,
those kisses
crawling over
the skin,
entwining, biting,
from bodies clear and open to
the blue stone of the sailing night.

Terusa, with your wide eyes.
Under the moon
or the winter sun, when
the provinces
take their share of pain, the betrayal
of a vast forgetting,
and you shine, Terusa,
like the burnt crystal
of the topaz,

como la quemadura
del clavel,
como el metal que estalla en el relámpago
y transmigra a los labios de la noche.

Terusa
abierta entre las amapolas,
centella
negra
del primer dolor,
estrella entre los peces,
a la luz
de la pura corriente genital,
ave morada del primer abismo,
sin alcoba, en el reino
del corazón visible
cuya miel inauguran los almendros,
el polen incendiario
de la retama agreste,
el toronjil de tentativas verdes,
la patria de los misteriosos musgos.

Sonaban las campanas de Cautín,
todos los pétalos pedían algo,
no renunciaba a nada la tierra,
el agua parpadeaba
sin cesar:
quería abrir el verano,
darle al fin una herida,
se despeñaba en furia
el río que venía de los Andes,
se convertía en una estrella dura
que clavaba la selva,
la orilla,
los peñascos:
allí no habita nadie:
sólo el agua y la tierra
y los trenes que aullaban,

like the burn
of the carnation,
like the metal which flashes under lightning
and is swallowed by the lips of night.

Terusa,
all open among the poppies,
black
flash
of original pain,
star among the fish
in the light
of a pure genital electricity,
purple bird of the first abyss,
roomless, in the kingdom
of the revealed heart
whose honey nourished the almond trees,
the fiery pollen
of the wild broom,
the lemon bush in its tentative greens,
kingdom of the mysterious mosses.

The bells of Cautín were sounding,
all the petals cried out for something,
the earth was giving nothing up,
the water was winking
endlessly.
It wanted to open up the summer,
to deal it a final wound.
The river that tumbled
in fury from the Andes
turned into a hard star
which pierced the jungle,
the riverbank,
the rocks.
No one lived there—
only water and earth
and the mournful trains,

los trenes del invierno
en sus ocupaciones
atravesando el mapa
solitario:
reino mío,
reino de las raíces
con fulgor de menta,
cabellera de helechos,
pubis mojado,
reino de mi perdida pequeñez
cuando yo vi nacer la tierra
y yo formaba parte
de la mojada
integridad
terrestre:
lámpara entre los gérmenes y el agua,
en el nacimiento del trigo,
patria de las maderas
que morían
aullando en el aullido
de los aserraderos:
el humo, alma balsámica
del salvaje
crepúsculo,
atado
como un peligroso prisionero
a las regiones de la selva,
a Loncoche,
a Quitratúe,
a los embarcaderos de Maullín,
y yo naciendo
con tu amor.
Terusa,
con tu amor deshojado
sobre mi piel sedienta
como
si las cascadas
del azahar, del ámbar, de la harina,

the winter trains
in their courses
dissecting the lonely
map.
My kingdom,
kingdom of roots
with the glory of mint,
tresses of fern hair,
a damp pubis,
kingdom of my lost childhood,
when I watched the earth being born
and I was a part of
its earthy
damp
wholeness.
Light between water and organism,
in the sprouting of the wheat,
homeland of wood
which died
in the screeching
of the sawmills.
Smoke, sweet-smelling presence
of the wild
twilight,
fettered
like a dangerous prisoner
to the jungle regions,
to Loncoche,
to Quitratúe,
to the dockyards of Maullín,
and I being born
with your love,
Terusa,
with your unleaved love
across my thirsty skin
as if cascades
of orange blossom, amber, and flour

hubieran transgredido mi substancia
y yo desde esa hora te llevara,
Terusa,
inextinguible
aún en el olvido,
a través
de las edades oxidadas,
aroma
señalado,
profunda madreselva o canto
o sueño
o luna que amasaron los jazmines
o amanecer del trébol junto al agua
o amplitud de la tierra con sus ríos
o demencia de flores o tristeza
o signo del imán o voluntad
del mar radiante y su baile infinito.

✿✿✿✿✿✿✿✿✿✿

Amores: Terusa (II)

Llegan los 4 números del año.
Son como 4 pájaros felices.
Se sientan en un hilo
contra el tiempo desnudo.
Pero, ahora
no cantan.
Devoraron el trigo, combatieron
aquella primavera
y corola a corola no quedó
sino este largo espacio.

Ahora que tú llegas de visita,
antigua amiga, amor, niña invisible,

had transgressed my being;
and from that very moment I have carried you,
Terusa,
inexhaustibly
even into oblivion,
across
eroded times,
a marked
aroma,
deep as song or honeysuckle,
or sleep,
or the moon caught up in the jasmine
or the clover dawn close to the water
or the fullness of earth with its rivers
or the delirium of flowers, or sorrow,
or the pull of the magnet or the will
of the shining sea in its never-ending dance.

○╂○╂○╂○╂○╂○╂○

Loves: Terusa (II)

The year arrives, four numbers
like four lucky birds
perching on a wire
against a backdrop of bare time.
But now
they are not singing.
They consumed the harvest, they defeated
that spring,
and flower upon flower, all that is left
is this vast space.

Now that you come to visit me,
my onetime darling, my love, my invisible girl,

te ruego que te sientes
otra vez
en la hierba.

Ahora me parece
que cambió tu cabeza.
Por qué
para venir
cubriste con ceniza
la cabellera de carbón valiente
que desplegué en mis manos, en el frío
de las estrellas de Temuco?
En dónde están tus ojos?
Por qué te has puesto esta mirada estrecha
para mirarme si yo soy el mismo?
Dónde dejaste tu cuerpo de oro?
Qué pasó con tus manos entreabiertas
y su fosforescencia de jazmín?

Entra en mi casa, mira el mar conmigo.
Una a una las olas
gastaron
nuestras vidas
y se rompía no sólo la espuma,
sino que las cerezas,
los pies,
los labios
de la edad cristalina.

Adiós, ahora te ruego
que regreses
a tu silla de ámbar
en la luna,
vuelve a la madreselva del balcón,
regresa
a la imagen ardiente,
acomoda tus ojos
a los ojos

I implore you to lie with me
once more
in the grass.

Now it seems to me
that your head has altered.
Why,
in this coming,
did you cover over with ash
the wondrous coal of your hair
that I ran my hands through
in the starry cold of Temuco?
Where are your eyes?
Why do you narrow them at me
to see if I am the same?
Where did you leave your golden body?
What became of your opening hands
and your jasmine glimmer?

Come into my house, look at the sea with me.
The waves, one by one,
have exhausted
our lives;
it is not just the foam that has disintegrated
but the cherries,
the feet,
the lips
of a time of glass.

Goodbye. I beg you now,
go back
to your amber throne
under the moon,
go back to the honeysuckled balcony,
resume
your burning image,
match your eyes
to those

aquellos,
lentamente dirígete
al retrato
radiante,
entra en él
hasta el fondo,
en su sonrisa,
y mírame
con su inmovilidad, hasta que yo
vuelva a verte
desde aquel,
desde entonces,
desde el que fui en tu corazón florido.

⚬♦⚬♦⚬♦⚬♦⚬

1921

La canción de la fiesta . . . Octubre,
premio
de la primavera:
un Pierrot de voz ancha que desata
mi poesía sobre la locura
y yo, delgado filo
de espada negra entre jazmín y máscaras
andando aún ceñidamente solo,
cortando multitud con la melancolía
del viento Sur, bajo los cascabeles
y el desarrollo de las serpentinas.
Y luego, uno por uno,
línea a línea en la casa y en la calle
germina el nuevo libro,
20 poemas de sabor salado
como veinte olas de mujer y mar,
y entre el viaje de vuelta a la provincia

other eyes,
turn yourself gradually
into that
glowing portrait,
go into it
deeply, deeply
with your smile,
and look at me
from its stillness, until
I see you again
at that point,
at that time,
as the one I once was in your flowering heart.

❀❀❀❀❀❀❀❀

1921

Song of fiesta . . . October,
the reward
of spring:
a Pierrot declaiming my poetry
in a booming voice in the frenzy,
and I, the fine edge
of a black sword, among the masks and the jasmine,
wandering about, still tight-lipped and alone,
cutting through the throng with all the melancholy
of the south wind, under the little bells
and the unfurling streamers.
And then, word by word,
line by line, in my house, in the street,
my new book comes into being,
twenty poems with a salty tang to them,
like twenty waves, sea-waves, woman-waves,
and out of my journey back to my province,

con el gran río de Puerto Saavedra
y el pavoroso golpe del océano
entre una soledad y un beso apenas
arrancado al amor: hoja por hoja
como si un árbol lento despertara
nació el pequeño libro tempestuoso.
Y nunca al escribirlo
en trenes o al regreso
de la fiesta o la furia de los celos
o de la noche abierta en el costado
del verano como una herida espléndida,
atravesado por la luz del cielo
y el corazón cubierto de rocío,
nunca supuso el solitario joven,
desbocado de amor, que su cadena,
la prisión sin salida de unos ojos,
de una piel devorante, de una boca,
seguiría quemando todo aquello
y aquella intimidad y soledad
continuaría abriendo en otros seres
una rosa perpetua, un largo beso,
un fuego interminable de amapolas.

＊)◑)◑)◑)◑)◑)◑

Amores: la ciudad

Estudiantil amor con mes de octubre,
con cerezos ardiendo en pobres calles
y tranvías trinando en las esquinas,
muchachas como el agua, cuerpos
en la greda de Chile, barro y nieve,
y luz y noche negra, reunidos,
madreselvas caídas en el lecho
con Rosa o Lina o Carmen ya desnudas,

with the great river at Puerto Saavedra
and the thunderous crash of the sea,
out of my loneliness and kisses
painfully stolen from love, as if a tree
were slowly to come to life, leaf by leaf,
the turbulent little book was born.
And never in the act of writing it
in trains or coming back from the fiesta,
or in the ragings of jealousy
or in the wide night of the seacoast
in the great gash of summer,
pierced by the light of the sky
with a heart drenched with dew,
never did the young solitary imagine,
unhinged as he was by love, that his chains,
that the doorless prison cell of certain eyes,
of a consuming skin, of a mouth,
would go on burning, all of that,
that intimacy, that solitude,
would go on opening in other beings
an everlasting rose, a vast kiss,
an endless fire of poppies.

❁❁❁❁❁❁❁❁❁❁

Loves: The City

Student love coming with October,
with cherry trees on fire in the poor streets
and the trams screeching round the corners,
girls like water, bodies
in the raw earth of Chile, mud and snow,
and light and the black night, reunited,
honeysuckle tumbled on the bed
with Rosa or Lina or Carmen naked there,

despojadas tal vez de su misterio
o misteriosas al rodar
en el abrazo o espiral o torre
o cataclismo de jazmín y bocas:
fue ayer o fue mañana, dónde huyó
la fugaz primavera? Oh ritmo
de la eléctrica cintura,
oh latigazo claro de la esperma
saliendo de su túnel a la especie
y la vencida tarde con un nardo
a medio sueño y entre los papeles
mis líneas, allí escritas,
con el puro fermento, con la ola,
con la paloma y con la cabellera.
Amores de una vez, rápidos
y sedientos, llave a llave,
y aquel orgullo de ser compartidos!
Pienso que se fundó mi poesía
no sólo en soledad sino en un cuerpo
y en otro cuerpo, a plena piel de luna
y con todos los besos de la tierra.

❂❂❂❂❂❂❂❂❂

Pampoesía

Poesía, estrellado patrimonio:
fue necesario
ir descubriendo con hambre y sin guía
tu terrenal herencia,
la luz lunar y la secreta espiga.

De soledad a multitud la llave
se perdía en las calles y en el bosque,
debajo de las piedras y en los trenes.

stripped, perhaps, of their various mysteries,
or else mysterious as they tangled
in the embrace, the spiral, or the tower,
or the storm of mouths and jasmine.
Did it turn into yesterday or tomorrow,
that fleeting spring? Oh, the rhythm
of that electric waist,
the clear spasm of sperm
bursting from its tunnel,
and the spent afternoon with a lily
in half sleep, and among the papers,
my lines, all written down,
in a pure ferment, in a wave,
a dove, a fall of hair.
Fleeting loves, quick
and thirsty, a fitting of keys,
and that triumph of something shared!
I think now that my poetry began
not in a solitude but in a body,
another's body, in a skin of moonlight,
in the abundant kisses of the earth.

❀❀❀❀❀❀❀❀❀

Bread-Poetry

Poetry, my star-struck patrimony.
It was necessary
to go on discovering, hungry, with no one to guide me,
your earthy endowment,
light of the moon and the secret wheat.

Between solitude and crowds, the key
kept getting lost in streets and in the woods,
under stones, in trains.

El primer sello es condición oscura,
grave embriaguez con una copa de agua,
el cuerpo ahíto sin haber comido,
el corazón mendigo con su orgullo.

Y mucho más que no dicen los libros
repletos de esplendor sin alegría:
ir picando una piedra que nos pesa,
ir disolviendo el mineral del alma
hasta que tú eres el que está leyendo,
hasta que el agua canta por tu boca.

Y esto es más fácil que mañana jueves
y más difícil que seguir naciendo
y es un oficio extraño que te busca
y que se esconde cuando lo buscaron
y es una sombra con el techo roto,
pero en los agujeros hay estrellas.

✿✦✿✦✿✦✿✦✿✦✿

Locos amigos

Se abrió también la noche de repente,
la descubrí, y era una rosa oscura
entre un día amarillo y otro día.
Pero, para el que llega
del Sur, de las regiones
naturales, con fuego y ventisquero,
era la noche en la ciudad un barco,
una vaga bodega de navío.
Se abrían puertas y desde la sombra
la luz nos escupía:
bailaban hembra y hombre con zapatos
negros como ataúdes que brillaban

The first sign is a state of darkness,
deep rapture in a glass of water,
body stuffed without having eaten,
heart a beggar in its pride.

Many things more that books don't mention,
stuffed as they are with joyless splendor:
to go on chipping at a weary stone,
to go on dissolving the iron in the soul
until you become the person who is reading,
until water finds a voice through your mouth.

And that is easier than tomorrow being Thursday
and yet more difficult than to go on being born—
a strange vocation that seeks you out,
and which goes into hiding when we seek it out,
a shadow with a broken roof
and stars shining through its holes.

❋❋❋❋❋❋❋❋❋

My Crazy Friends

Quite suddenly, night life dawned on me.
I discovered it, a secret rose
between one yellowing day and the next.
But, for someone newly arrived from the South,
from the regions where nature reigns,
full of fire and blizzards,
the city night seemed like a boat,
a kind of ship's hold.
Doors would open and out of the dark
light spat on us.
Men and women danced
in shoes like shiny black coffins

y se adherían uno a una como
las ventosas del mar, entre el tabaco,
el agrio vino, las conversaciones,
las carcajadas verdes del borracho.
Alguna vez una mujer cayéndose
en su pálido abismo, un rostro impuro
que me comunicaba ojos y boca.
Y allí senté mi adolescencia ardiendo
entre botellas rojas que estallaban
a veces derramando sus rubíes,
constelando fantásticas espadas,
conversaciones de la audacia inútil.
Allí mis compañeros:
Rojas Giménez extraviado
en su delicadeza,
marino de papel, estrictamente
loco, elevando
el humo en una copa
y en otra copa
su ternura errante,
hasta que así se fue de tumbo en tumbo,
como si el vino se lo hubiera llevado
a una comarca más y más lejana!
Oh hermano frágil, tantas
cosas gané contigo, tanto
perdí en tu desastrado corazón
como en un cofre roto,
sin saber que te irías con tu boca elegante,
sin saber que debías
también morir, tú que tenías
que dar lecciones a la primavera!
Y luego como un aparecido
que en plena fiesta estaba
escondido en lo oscuro
llegó Joaquín Cifuentes
de sus prisiones: pálida apostura,
rostro de mando en la lluvia,
enmarcado en las líneas del cabello

and glued themselves to one another,
like limpets, amidst tobacco,
rough wine, conversation,
the crude belly laughs of drunks.
At times, some woman, wallowing
in her pale emptiness, would turn on me
her wasted eyes and mouth.
That's where I spent my stormy adolescence—
amidst bottles of wine, spilling
their exploding rubies,
flourishing their wild swords,
their meaningless bravado.
And these friends I had—
Rojas Giménez, lost in his own
fastidiousness,
a theoretical sailor, certifiably
crazy, offering in the smoke
his wayward tenderness
in one drink after another,
until he fell in stages
as if the wine itself
had taken him further and further away from us!
My vulnerable brother, I learned
so much in your company,
I lost so much in the waywardness of your heart,
a broken box,
with no notion of where your tongue was going,
with no notion that you too were going to die,
you who could have taught things to the spring!
And later, like an apparition,
keeping to his dark corner
during parties,
Joaquín Cifuentes arrived,
freed from his chains, a ghostly friend
with his emphatic face in the rain,
his sharp, defining hairline

sobre la frente abierta a los dolores:
no sabía reír mi amigo nuevo:
y en la ceniza de la noche cruel
vi consumirse al Húsar de la Muerte.

"Ratón Agudo"

Entonces, tabernario y espumante,
maestro de nuevos vinos y blasfemia,
compañero Raúl *Ratón Agudo*
llegaste para enseñarme la hombría.
Y hombreando fuimos desafiantes, puros,
contra la espesa multitud del hampa
y fue tu corazón centelleante
conmigo como una buena linterna:
no hay caminos oscuros
con un buen camarada de camino
y era como contar con una espada,
contar con una mano pequeñita
como la tuya, frágil
y decidido hermano,
y era terrible tu respuesta, el ácido
resplandor de tu eléctrico lenguaje,
de la verba del barro,
de la chispa indeleble
que te brotaba
como
si fueras una fuente
cervantina:
la risotada antigua de los pícaros,
el idioma inventor de los cuchillos,
y no aprendiste en libros tu relámpago,
sino de defenderte a pura luz:

crossing a forehead open to pain.
He didn't know how to laugh, my new friend;
and in the course of cruel, ashy evenings,
I watched him destroy himself, Horseman of Death.

"Ratface"

Then, bar mate, bubbling with wit,
wise in wines and blasphemy,
my friend Raúl, *Ratface*,
you turned up to teach me what manhood meant.
And, men together, we were real swaggerers,
kings in that crowded underworld,
and the sparkle of your spirit
accompanied me like a friendly lantern.
With a good traveling companion,
the road is never dark,
and it was as dependable as a sword,
your small hand,
my delicate,
firm-minded brother,
and you were terrible of retort, in the acid
brilliance of your electric language—
earthy verb,
ever-present spark
which flashed from you
as if
you were a fountain
like Cervantes,
the ancient belly laugh of rogues,
language like new-forged knives.
That language of yours didn't come from books
but from holding your own, your brilliant own,

de terrenal sabías lo celeste:
de iletrado tu sal resplandecía:
eras el fruto antiguo de las calles,
uva de los racimos de mi pueblo.

❖❖❖❖❖❖❖❖❖

Arce

De intermitentes días
y páginas nocturnas
surge Homero con apellido de árbol
y nombre coronado
y sigue siendo así, madera pura
de bosque y de pupitre
en donde cada veta
como rayo de miel hace la túnica
del corazón glorioso
y una corona de cantor callado
le da su nimbo justo de laurel.
Hermano cuya cítara impecable,
su secreto sonido,
se oye a pesar de cuerdas escondidas:
la música que llevas
resplandece,
eres tú la invisible poesía.
Aquí otra vez te doy porque has vivido
mi propia vida cual si fuera tuya,
gracias, y por los dones
de la amistad y de la transparencia,
y por aquel dinero que me diste
cuando no tuve pan, y por la mano
tuya cuando mis manos no existían,
y por cada trabajo

a dazzle you drew from your earthy being,
a salty brilliance out of illiteracy.
You were the ancient fruit of the streets themselves,
a bright grape in the cluster of my people.

❀❁❀❁❀❁❀❁❀❁

Arce

From the lottery of days
and night-written pages
comes Homero with his tree surname
and his laureled Christian name,
and that's how he always is, pure wood
of forest and writing desk
where every grain mark
like a dash of honey clothes
a splendid heart,
and the crown of a silent singer
gives him the deserved aura of laurel.
Brother, whose faultless lyre,
whose secret sounding,
resounds in spite of his hidden strings.
The music in you is
a brilliance.
You yourself are invisible poetry.
Here, once again, I give you, because you have lived
my life for me as if it were your own,
my thanks, and for the gifts
of friendship and transparent clarity,
for money which you gave me
when I was hungry, for the hand
you stretched out when I had no hands,
for all the work you did

en que resucitó mi poesía
gracias a tu dulzura laboriosa.

‡‡‡‡‡‡‡‡‡‡

Amores: Rosaura (I)

Rosaura de la rosa, de la hora
diurna, erguida
en la hora resbalante
del crepúsculo pobre, en la ciudad,
cuando brillan las tiendas
y el corazón se ahoga
en su propia región inexplorada
como el viajero perdido,
tarde, en la soledad de los pantanos.

Como un pantano es el amor:
entre número y número
de calle,
allí caímos,
nos atrapó el placer profundo,
se pega el cuerpo al cuerpo,
el pelo al pelo,
la boca al beso,
y en el paroxismo
se sacia la ola hambrienta
y se recogen
las láminas del légamo.

Oh amor de cuerpo a cuerpo,
sin palabras,
y la harina mojada que entrelaza
el frenesí de las palpitaciones,
el ronco ayer del hombre y la mujer,

to bring my poetry to life,
I thank and bless your painstaking gentleness.

◑◐◑◐◑◐◑◐◑◐

Loves: Rosaura (I)

Rosaura of the rose, of the daylight
hours, proud
in the shifting time
of feeble twilight, in the city
when the shop fronts glow
and the heart dissolves
in its own unknown territories
like the traveler, lost,
late, in the loneliness of the marshes.

Love itself is a marsh:
between one street number
and another,
we come to grief,
pure pleasure traps us,
body glued to body,
hair to hair,
mouth to kiss,
and in the spasm
the wave of wanting is satisfied
and layers of ooze
gather.

Oh, love between bodies,
wordless,
and the moist flour which connects
the wildness of heartbeats,
the rough yesterday of man and woman,

un golpe en el rosal,
una oscura corola sacudida
vuelca las plumas de la oscuridad,
un circuito fosfórico,
te abrazo,
te condeno,
te muero,
y se aleja el navío del navío
haciendo las últimas señales
en el sueño del mar,
de la marea
que vuelve a su planeta intransigente,
a su preocupación, a la limpieza:
queda la cama
en medio
de la hora infiel,
crepúsculo, azucena vespertina:
ya partieron los náufragos:
allí quedaron las sábanas rotas,
la embarcación
herida,
vamos mirando el río Mapocho:
corre por él mi vida.

Rosaura de mi brazo,
va su vida en el agua,
el tiempo,
los tajamares de mampostería,
los puentes donde acuden
todos los pies cansados:
se va la ciudad por el río,
la luz por la corriente,
el corazón de barro
corre corre
corre amor por el tiempo
1923, uno
nueve
dos tres

an explosion in the roses,
a dark and shaken corolla
ruffles the feathers of the dark,
a phosphorous web.
I embrace you,
I sentence you,
I die of you,
and the two ships draw apart,
making their last signals
in the dream of the sea,
of the tide
which returns to its intransigent planet,
to preoccupations, to cleanness.
The bed remains
in the center
of the faithless hour,
twilight, lily of evening,
now the survivors have left;
the torn sheets remained,
the raveled
ship.
We go on watching the river Mapocho.
My life flows with it.

Rosaura, my love-in-arms,
your life flows with the water,
with time,
dams formed by rubble,
bridges where
all the tired feet come.
The city flows away with the river,
light with the current.
The muddy heart
flows, flows,
love flows in the flow of time,
1923, one
nine
two three

son números
cada uno en el agua
que corría
de noche
en la sangre del río,
en el barro nocturno,
en las semanas
que cayeron al río
de la ciudad cuando yo recogí
tus manos pálidas:
Rosaura,
las habías olvidado
de tanto que volaban
en el humo:
allí se te olvidaron
en la esquina
de la calle Sazié, o en la plazuela
de Padura, en la picante rosa
del conventillo que nos compartía.

El minúsculo patio
guardó los excrementos
de los gatos errantes
y era una paz de bronce
la que surgía
entre los dos desnudos:
la calma dura de los arrabales:
entre los párpados
nos caía el silencio
como un licor oscuro:
no dormíamos:
nos preparábamos para el amor:
habíamos gastado
el pavimento,
la fatiga,
el deseo,
y allí por fin estábamos
sueltos, sin ropa, sin ir y venir,

are numbers,
each one in the
night-flowing water
in the blood of the river,
in the night mud,
in the weeks
which fell in the river
from the city, when I reached for
your pale hands.
You had forgotten them,
Rosaura,
so much did they move
in the smoke.
They forgot you there
on the corner
of Calle Sazié, or in the little square
of Padura, in the pricking rose
of the tenement that shared us.

The tiny patio
collected the excrement
of wandering cats
and what arose
between the two naked ones
was a bronze peace,
the lasting calm of the suburbs.
Between our eyelids,
silence fell
like a dark drink.
We didn't sleep.
We got ready for loving.
We had used up
sidewalks,
exhaustion,
desire,
and there we were at last
free, without clothes, no comings or goings,

y nuestra misión
era
derramarnos,
como si nos llenara demasiado
un silencioso líquido,
un pesado
ácido
devorante,
una substancia
que llenaba el perfil de tus caderas,
la sutileza pura de tu boca.
Rosaura,
pasajera
color de agua,
hija de Curicó, donde fallece el día
abrumado
por el peso y la nieve
de la gran cordillera:
tú eres hija
del frío
y antes de consumirte
en los adobes
de muros aplastantes
viniste a mí, a llorar o a nacer,
a quemarte en mi triste poderío
y tal vez no hubo más
fuego en tu vida,
tal vez no fuiste sino entonces.

Encendimos y apagamos el mundo,
tú te quedaste a oscuras:
yo seguí caminando los caminos,
rompiéndome las manos y los ojos,
dejé atrás el crepúsculo,
corté las amapolas vespertinas:
pasó un día que con su noche
procrearon
una nueva semana

and our aim
was
to overflow
as if we had been filled to overflowing
with a silent liquid,
a heavy,
devouring
acid,
a substance
which filled the shape of your hips,
the subtle clarity of your mouth.
Rosaura,
passing one,
color of water,
from Curicó, where the day dies
shrouded
in the heavy snows
of the cordillera.
You were a child
of the cold
and before you were consumed
in the adobe
of wearying walls,
you came to me, to weep or to be born,
to burn in my sad dominion,
and perhaps there was no more
fire in your life,
perhaps you only existed at that moment.

We turned the world on and off.
You remained in the dark.
I went on with my wanderings,
ravaging my hands and my eyes.
I left the twilight behind,
I plucked the evening poppies.
A day passed and conceived
with its night
a new week,

y un año se durmió con otro año:
gota a gota
creció el tiempo,
hoja a hoja
el árbol transparente:
la ciudad polvorienta
cambió del agua al oro,
la guerra quemó pájaros y niños
en la Europa agobiada,
de Atacama el desierto
caminó con arena,
fuego y sal,
matando las raíces,
giraron en sus ácidos azules
los pálidos planetas,
tocó la luna un hombre,
cambió el pintor
y no pintó los rostros,
sino los signos y las cicatrices,
y tú qué hacías
sin el agujero
del dolor y el amor?
Y yo qué hacía
entre las hojas de la tierra?

Rosaura, otoño, lejos
luna de miel delgada,
campana taciturna:
entre nosotros dos el mismo río,
el Mapocho que huye
royendo las paredes y las casas,
invitando al olvido
como el tiempo.

and one year slept with the next.
Time grew
drop by drop
as did the transparent tree
leaf by leaf.
The dust-blown city
changed from water to gold.
War burned children and birds
in worn-out Europe.
From Atacama the desert
stretched in sand,
fire, and salt,
murdering roots.
The pale planets
turned in their acidic blues.
A man touched the moon.
The painter went
from painting faces
to painting only marks and scars—
and you, what were you doing
without the emptiness
of pain and love?
And I, what was I doing
among the leaves of the earth?

Rosaura, autumn, faraway
moon of thin honey,
soundless bell.
Between the two of us, the same river,
the Mapocho, which flows
eroding walls and houses,
inviting oblivion,
just as time does.

Amores: Rosaura (II)

Nos dio el amor la única importancia.
La virtud física, el latido
que nace y se propaga,
la continuidad
del cuerpo
con la dicha,
y esa fracción de muerte
que nos iluminó hasta oscurecernos.
Para mí, para ti,
se abrió aquel goce
como la única
rosa
en los sordos arrabales,
en plena juventud raída,
cuando ya todo conspiró
para irnos matando poco a poco,
porque entre instituciones orinadas
por la prostitución y los engaños
no sabías qué hacer:
éramos el amor atolondrado
y la debilidad de la pureza:
todo estaba gastado por el humo,
por el gas negro,
por la enemistad
de los palacios y de los tranvías.

Un siglo entero deshojaba
su esplendor muerto,
su follaje
de cabezas degolladas,
goterones de sangre
caen de las cornisas,

Loves: Rosaura (II)

Love, for us, was the one thing that made us matter.
Body's well-being, the beat
that is born and reproduces,
continuity
of the body
in joy,
and that hint of dying
which lighted us till we were dark.
For me, for you,
that pleasure opened up
like the only
rose
in the unheeding suburbs,
in the fullness of our threadbare youth
when everything conspired
to do us to death, bit by bit,
for you, among establishments
pissed on by whoring and deceit,
had no idea what to do.
We were love-bewildered,
weak in our innocence.
Everything was smirched by smoke,
by black gas,
by the hostility
of palaces and trams.

A whole century shed
its dead splendor,
its foliage
of severed heads,
dribbles of blood
fell from the cornices.

no es la lluvia, no sirven
los paraguas,
se moría el tiempo
y ninguna y ninguno
se encontraron
cuando ya desde el trono los reinantes
habían decretado
la ley letal del hambre
y había que morir,
todo el mundo tenía que morir,
era una obligación,
un compromiso,
estaba escrito así:
entonces encontramos
en la rosa física
el fuego palpitante
y nos usamos
hasta el dolor:
hiriéndonos
vivíamos:
allí se confrontó la vida
con su esencia compacta:
el hombre, la mujer
y la invención del fuego.

Nos escapamos de la maldición
que pesaba
sobre el vacío, sobre la ciudad,
amor contra exterminio
y la verdad
robada
otra vez floreciendo,
mientras en la gran cruz
clavaban el amor,
lo prohibían,
nadie yo, nadie tú,
nadie nosotros,

It wasn't rain, umbrellas
were no use.
Time was dying,
and couples could not
come together,
for already, from their throne,
the rulers had decreed
the lethal law of hunger,
and dying was mandatory.
Everyone had to die.
It was a duty,
it had been agreed,
it was so written.
We found then
in the physical rose
quivering fire
and we used each other
to the point of pain.
We lived,
wounding ourselves.
There, life presented
its tidy essence:
man, woman,
and the invention of fire.

We escaped the curse
hanging over
the void, the city—
love versus extermination,
with stolen
truth
flowering once again,
while they nailed love
to a great cross,
and forbade it.
I was nobody, you were nobody,
we were nobody,

nos defendimos brasa a brasa,
beso a beso.

Salen hojas recientes,
se pintan de azul las puertas,
hay una nube náyade,
suena un violín bajo el agua:
es así en todas partes:
es el amor victorioso.

❂❂❂❂❂❂❂❂❂

Primeros viajes

Cuando salí a los mares fui infinito.
Era más joven yo que el mundo entero.
Y en la costa salía a recibirme
el extenso sabor del universo.

Yo no sabía que existía el mundo.

Yo creía en la torre sumergida.

Había descubierto tanto en nada,
en la perforación de mi tiniebla,
en los ay del amor, en las raíces,
que fui el deshabitado que salía:
un pobre propietario de esqueleto.

Y comprendí que iba desnudo,
que debía vestirme,
nunca había mirado los zapatos,
no hablaba los idiomas,
no sabía leer sino leerme,
no sabía vivir sino esconderme,

we resisted, coal by coal,
kiss by kiss.

New leaves emerge.
They're painting the doors blue.
There's a cloud like a naiad.
A violin dreams underwater.
It's like that everywhere.
It's love triumphant.

꘎꘎꘎꘎꘎꘎꘎꘎

First Travelings

When I first went to sea, I was inexhaustible.
I was younger than the whole world.
And on the seacoast there rose to receive me
the endless tang of the universe.

I had no sense that the world existed.

My faith lay in a buried tower.

I had found so many things in so little,
in my own twilit discoveries,
in the sighs of love, in roots,
that I was the displaced one, the wanderer,
the poor proprietor of my own skeleton.

And I understood then that I was naked,
that I had to dress myself.
I had never thought seriously about shoes.
I didn't speak any languages.
The only book I could read was the book of myself.
The only life I knew was my secret life.

y comprendí que no podía
llamarme más porque no acudiría:
aquella cita había terminado:
nunca más, nunca más, decía el cuervo.

Tenía que contar con tanta nube,
con todos los sombreros de este mundo,
con tantos ríos, antesalas, puertas,
y tantos apellidos, que aprendiéndolos
me iba a pasar toda la perra vida.

Estaba lleno el mundo de mujeres,
atiborrado como escaparate,
y de las cabelleras que aprendí de repente,
de tanto pecho puro y espléndidas caderas
supe que Venus no tenía espuma:
estaba seca y firme con dos brazos eternos
y resistía con su nácar duro
la genital acción de mi impudicia.

Para mí todo era nuevo. Y caía
de puro envejecido este planeta:
todo se abría para que viviera,
para que yo mirara ese relámpago.

Y con pequeños ojos de caballo
miré el telón más agrio que subía:
que subía sonriendo a precio fijo:
era el telón de la marchita Europa.

And I understood that I couldn't
summon myself because I wouldn't respond.
I had used up that chance.
Nevermore, nevermore, croaked the raven.

I had to fall back on things like clouds,
on all the hats of the world,
rivers, waiting rooms, doors,
and names, so many names, that simply learning them
would have taken my whole sacred life.

The world was full of women,
jammed like a shop window,
and given all the hair I learned,
the breasts, the wonderful thighs,
I learned that Venus was no mere legend.
She was sure and firm, with two enduring arms,
and her hard mother-of-pearl
weathered my lusty genital ambition.

Everything was new to me. This whole planet
was dying of sheer old age,
but everything was opening for me to experience,
to glimpse that lightning flash.

And with my little pony eyes
I saw that bitter curtain going up,
going up with its fixed and worldly smile,
the curtain opening on a wizened Europe.

París 1927

París, rosa magnética,
antigua obra de araña,
estaba allí, plateada,
entre el tiempo del río que camina
y el tiempo arrodillado en Notre Dame:
una colmena de la miel errante
una ciudad de la familia humana.

Todos habían venido,
y no cuento a los nómades
de mi propio país deshabitado:
allí andaban los lentos
con las locas chilenas
dando más ojos negros a la noche
que crepitaba. Dónde estaba el fuego?

El fuego se había ido de París.

Había quedado una sonrisa clara
como una multitud de perlas tristes
y el aire dispersaba un ramo roto
de desvaríos y razonamientos.
Tal vez eso era todo:
humo y conversación. Se iba la noche
de los cafés y entraba el día
a trabajar como un gañán feroz,
a limpiar escaleras,
a barrer el amor y los suplicios.

Aún quedaban tangos en el suelo,
alfileres de iglesia colombiana,
anteojos y dientes japoneses,

Paris 1927

Paris, magnetic rose,
an ancient spiderweb,
there it was, silvered
between the time of the flowing river
and time kneeling in Notre Dame,
a hive of wild honey,
a city of the human family.

Everyone had come there
(not counting the wanderers)
from my own bare country.
There the slow ones strolled
with crazy Chilean girls,
adding more dark eyes to the crackling
night. But where was the fire?

The fire had gone out of Paris.

What was left was an open smile
like a cluster of sad pearls
and the air scattered a broken branch
of whims and excuses.
Perhaps that was all there was:
smoke and talk. The night would leave
the cafés and day would come
to work like a rough laborer,
cleaning the stairs,
sweeping up love and anguish.

Some tangos still lay on the floor,
spires from Colombian churches,
spectacles and Japanese smiles,

tomates uruguayos,
algún cadáver flaco de chileno,
todo iba a ser barrido,
lavado por inmensas lavanderas,
todo terminaría para siempre:
exquisita ceniza para los ahogados
que ondulaban en forma incomprensible
en el olvido natural del Sena.

०।०।०।०।०।०।०।०

El opio en el Este

Ya desde Singapur olía a opio.
El buen inglés sabía lo que hacía.
En Ginebra tronaba
contra los mercaderes clandestinos
y en las Colonias cada puerto
echaba un tufo de humo autorizado
con número oficial y licencia jugosa.
El gentleman oficial de Londres
vestido de impecable ruiseñor
(con pantalón rayado y almidón de armadura)
trinaba contra el vendedor de sombras,
pero aquí en el Oriente
se desenmascaraba
y vendía el letargo en cada esquina.

Quise saber. Entré. Cada tarima
tenía su yacente,
nadie hablaba, nadie reía, creí
que fumaban en silencio.
Pero chasqueaba junto a mí la pipa
al cruzarse la llama con la aguja
y en esa aspiración de la tibieza

Uruguayan tomatoes,
a skinny Chilean corpse—
everything was going to be cleaned up,
washed by huge washerwomen,
all would be finished up forever:
a fine ash for the drowned,
who swayed their vague shapes
in the natural oblivion of the Seine.

❂❂❂❂❂❂❂❂

Opium in the East

From Singapore on, there was a smell of opium.
The honest Englishman was well aware of it.
In Geneva he denounced
the undercover dealers,
but in the colonies each port
gave off a cloud of legal smoke,
numbered, juicily licensed, legalized.
The gentleman from London,
impeccably dressed like a nightingale
(striped pants, starched armor),
raged against sellers of dreams,
but here in the East
he took off his mask
and peddled lethargy on every corner.

I wanted to know. I went in. Every bench
had its recumbent occupant.
Nobody spoke. Nobody laughed. I thought
they smoked in a total silence,
but pipes crackled beside me
when the needle met the flame,
and with that inhaled coolness,

con el humo lechoso entraba al hombre
una estática dicha, alguna puerta lejos
se abría hacia un vacío suculento:
era el opio la flor de la pereza,
el goce inmóvil,
la pura actividad sin movimiento.
Todo era puro o parecía puro,
todo en aceite y gozne resbalaba
hasta llegar a ser sólo existencia,
no ardía nada, ni lloraba nadie,
no había espacio para los tormentos
y no había carbón para la cólera.

Miré: pobres caídos,
peones, coolies de ricksha o plantación,
desmedrados trotantes,
perros de calle,
pobres maltratados.
Aquí, después de heridos,
después de ser no seres sino pies,
después de no ser hombres sino brutos de carga,
después de andar y andar y sudar y sudar
y sudar sangre y ya no tener alma,
aquí estaban ahora,
solitarios,
tendidos,
los yacentes por fin, los pata dura:
cada uno con hambre había comprado
un oscuro derecho a la delicia,
y bajo la corola del letargo,
sueño o mentira, dicha o muerte, estaban
por fin en el reposo que busca toda vida,
respetados, por fin, en una estrella.

an ecstatic joy came with the milky smoke,
some far door
opened on a luscious emptiness.
Opium was the flower of torpor,
paralyzed joy,
pure activity without movement.
Everything was pure or seemed pure.
Everything moved like an oiled hinge
to become a sheer existence.
Nothing burned, nobody wept.
There was no room for anguish.
There was no fuel for anger.

I looked around. Poor victims,
slaves, coolies from the rickshaws and plantations,
run-down workhorses,
street dogs,
poor abused people.
Here, after their wounds,
after being not human beings but feet,
after being not men but beasts of burden,
after walking and walking and sweating and sweating,
sweating blood, having no soul,
there they were,
lonely,
stretched out,
lying down at last, the hard-footed people.
Each one had exchanged hunger
for an obscure right to pleasure,
and under the crown of lethargy,
dream or deception, luck or death, they were
at last at rest, what they looked for all their lives,
respected, at last, on a star of their own.

Rangoon 1927

En Rangoon era tarde para mí.
Todo lo habían hecho:
una ciudad
de sangre,
sueño y oro.
El río que bajaba
de la selva salvaje
a la ciudad caliente,
a las calles leprosas
en donde un hotel blanco para blancos
y una pagoda de oro para gente dorada
era cuanto
pasaba
y no pasaba.
Rangoon, gradas heridas
por los escupitajos
del betel,
las doncellas birmanas
apretando al desnudo
la seda
como si el fuego acompañase
con lenguas de amaranto
la danza, la suprema
danza:
el baile de los pies hacia el Mercado,
el ballet de las piernas por las calles.
Suprema luz que abrió sobre mi pelo
un globo cenital, entró en mis ojos
y recorrió en mis venas
los últimos rincones de mi cuerpo

Rangoon 1927

I came late to Rangoon.
Everything was already there—
a city
of blood,
dreams and gold,
a river that flowed
from the savage jungle
into the stifling city
and its leprous streets,
with a white hotel for whites,
and a gold pagoda for the golden people.
That's what
went on
and didn't go on.
Rangoon, steps stained
by the spitters
of betel juice,
Burmese girls,
taut silk
against their nakedness,
as if fire
with purple tongues
were taking part in
their dance, the supreme
dance:
feet dancing to market,
legs dancing in the streets.
Sheer light, the sun at its zenith,
fell on my hair, entered my eyes,
and ran through my veins
into every corner of my body,

hasta otorgarse la soberanía
de un amor desmedido y desterrado.

Fue así, la encontré cerca
de los buques de hierro
junto a las aguas sucias
de Martabán: miraba
buscando hombre:
ella también tenía
color duro de hierro,
su pelo era de hierro,
y el sol pegaba en ella como en una herradura.

Era mi amor que yo no conocía.

Yo me senté a su lado
sin mirarla
porque yo estaba solo
y no buscaba río ni crepúsculo,
no buscaba abanicos,
ni dinero ni luna,
sino mujer, quería
mujer para mis manos y mi pecho,
mujer para mi amor, para mi lecho,
mujer plateada, negra, puta o pura,
carnívora celeste, anaranjada,
no tenía importancia,
la quería para amarla y no amarla,
la quería para plato y cuchara,
la quería de cerca, tan de cerca
que pudiera morderle los dientes con mis besos,
la quería fragante a mujer sola,
la deseaba con olvido ardiente.

Ella tal vez quería
o no quería lo que yo quería,
pero allí en Martabán, junto al agua de hierro,
cuando llegó la noche, que allí sale del río,

granting me the glory of
a limitless, exiled love.

It was like that. I found her
by the iron ships,
by the dirty waters
of Martaban, her eyes
looking out for a man.
She too had
the hard sheen of iron,
and the sun shone
in the horseshoe iron of her hair.

My love, whom I didn't know.

I sat beside her
without looking at her
because I was alone
and didn't want rivers or twilight
or fans
or money or moons—
I wanted a woman.
I wanted to handle and hold a woman,
a woman for love, a woman for my bed,
silver, black, whore, virgin,
carnivorous, blue, orange,
it didn't matter.
I wanted to love her and not love her,
I wanted her for bed and board,
I wanted her close, so close
I could feel her teeth in my kisses,
I wanted her woman-smell.
Mindlessly, I burned for her.

Maybe she wanted
what I wanted. Maybe not.
But there in Martaban, beside the iron river,
when night arrived out of the river,

como una red repleta de pescados inmensos,
yo y ella caminamos juntos a sumergirnos
en el placer amargo de los desesperados.

۞۞۞۞۞۞۞

Religión en el Este

Allí en Rangoon comprendí que los dioses
eran tan enemigos como Dios
del pobre ser humano.
                    Dioses
de alabastro tendidos
como ballenas blancas,
dioses dorados como las espigas,
dioses serpientes enroscados
al crimen de nacer,
budhas desnudos y elegantes
sonriendo en el cocktail
de la vacía eternidad
como Cristo en su cruz horrible,
todos dispuestos a todo,
a imponernos su cielo,
todos con llagas o pistola
para comprar piedad o quemarnos la sangre,
dioses feroces del hombre
para esconder la cobardía,
y allí todo era así,
toda la tierra olía a cielo,
a mercadería celeste.

like a net bulging with great fish,
we went to drown together, she and I,
in the bitter pleasures of the desperate.

❖❖❖❖❖❖❖❖

Religion in the East

There in Rangoon I understood that the gods
were enemies of the poor human being,
just as God is.
            Gods
of alabaster, lying down
like white whales,
gods gilded like wheat,
serpent gods coiled round
the crime of being born,
naked and elegant buddhas
smiling at the cocktail parties
of empty eternity
like Christ on his horrible cross,
all of them ready for anything—
to impose on us their heaven
by torture or pistol,
to buy our piety or fry our blood,
fierce gods made by men
to cover up their cowardice,
and that's how it all was there,
the whole world reeking of heaven,
of heavenly supermarkets.

Monzones

Luego me fui a vivir a contramar.

Fue mi morada en mágicas regiones
erigida, capítulo de ola,
zona de viento y sal, párpado y ojo
de una tenaz estrella submarina.
Espléndido era el sol descabellado,
verde la magnitud de las palmeras,
bajo un bosque de mástiles y frutos
el mar más duro que una piedra azul,
por el cielo pintado cada día
nunca la frágil nave de una nube,
sino a veces la insólita asamblea
—tórrido trueno y agua destronada,
catarata y silbido de la furia—,
el preñado monzón que reventaba
desenvolviendo el saco de su fuerza.

◇┤◇┤◇┤◇┤◇┤◇

Aquella luz

Esta luz de Ceylán me dio la vida,
me dio la muerte cuando yo vivía,
porque vivir adentro de un diamante
es solitaria escuela de enterrado,
es ser ave de pronto transparente,
araña que hila el cielo y se despide.

Monsoons

Eventually, I went to live across the sea.

My house was set up in magic places,
chapter of waves,
of wind and salt, eye and eyelid
of a stubborn underwater star.
Wondrous the extravagance of the sun,
the ample green of palm trees,
on the edge of a forest of masts and fruit,
with a sea harder than a blue stone,
under a sky new-painted every day,
never the delicate boat of one cloud,
but an absurd gathering—
rumbling thunder and water falling
in cataracts, a hiss of anger—
gravid monsoon exploding overhead,
emptying out the great bag of its power.

That Light

That Ceylon light gave me life,
gave me death at the same time,
because living inside a diamond
is a solitary lesson in being buried,
is like turning into a transparent bird,
a spider who spins the sky and says goodbye.

127 • The Moon in the Labyrinth

Esta luz de las islas me hizo daño,
me dejó para siempre circunspecto
como si el rayo de la miel remota
me sujetara al polvo de la tierra.

Llegué más extranjero que los pumas
y me alejé sin conocer a nadie
porque tal vez me trastornó los sesos
la luz occipital del paraíso.
(La luz que cae sobre el traje negro
y perfora la ropa y el decoro,
por eso desde entonces mi conflicto
es conservarme cada día desnudo.)

No entenderá tal vez el que no estuvo
tan lejos como yo para acercarse
ni tan perdido que ya parecía
un número nocturno de carbones.

Y entonces sólo pan y sólo luz.

Luz en el alma, luz en la cocina,
de noche luz y de mañana luz
y luz entre las sábanas del sueño.
Hasta que amamantado de este modo
por la cruel claridad de mi destino
no tengo más remedio que vivir
entre desesperado y luminoso
sintiéndome tal vez desheredado
de aquellos reinos que no fueron míos.

Las redes que temblaban en la luz
siguen saliendo claras del océano.

Toda la luz del tiempo permanece
y en su torre total el medio día.

Ahora todo me parece sombra.

That light in the islands hurt me,
left me wary ever after
as if the gleam of vague honey
would bind me to the dust of the earth.

I arrived, more of a stranger than the pumas,
and kept apart, knowing no one,
perhaps because my brain was frazzled by
the heady paradisal light.
(Light falling on my dark suit,
penetrating clothing and decorum,
so that since then my struggle has been
to keep myself naked every day.)

No one perhaps could understand
who has not been as lost as I was,
nor as far from others as I felt,
a heap of coal in the night.

Then, only bread, only light.

Light in my being, light in the kitchen,
evening light, morning light,
and light between the sleeping sheets.
So wrapped, so suckled
by the cruel clarity of my fate,
I have nothing left but to live
between despair and luminosity,
feeling myself in a sense cut off
from those kingdoms which were not mine.

The nets that wavered in the light
keep on shining from the sea.

All the light of time remains,
and the great towering light of noon.

Now everything to me seems shadow.

Territorios

En donde estuve recuerdo la tierra
como si me mandara todavía.
Pasan los rostros —Patay, Ellen, Artiyha—,
los busco entre la red y huyen nadando
devueltos a su océano,
peces del frío, efímeras mujeres.
Pero, costa o nevado, piedra o río,
persiste en mí la esencia montañosa,
la dentadura de la geografía,
sigue indeleble un paso en la espesura.
Es el silencio de los cazadores.

Nada perdí, ni un día vertical,
ni una ráfaga roja de rocío,
ni aquellos ojos de los leopardos
ardiendo como alcohol enfurecido,
ni los salvajes élitros del bosque
canto total nocturno del follaje,
ni la noche, mi patria constelada,
ni la respiración de las raíces.

La tierra surge como si viviera
en mí, cierro los ojos, luego existo,
cierro los ojos y se abre una nube,
se abre una puerta al paso del perfume,
entra un río cantando con sus piedras,
me impregna la humedad del territorio,
el vapor del otoño acumulado
en las estatuas de su iglesia de oro,
y aun después de muerto ya veréis
cómo recojo aún la primavera,

Territories

Wherever I was, I remember the landscape
as if it still had a hold over me.
Faces pass—Patay, Ellen, Artiyha.
I look for them in the net and they swim away
back to their ocean,
cold-water fish, ephemeral women.
But, seacoast or snow, rock or river,
my essence is made up more of mountains,
the teeth of geography,
a footprint still visible in the undergrowth.
It is the silence of hunters.

I lost nothing, not one vertical day,
not a red splash of dew,
nor those leopard eyes
burning like angry alcohol,
nor the wild carapaces of the woods,
the great nightlong song of the foliage,
nor night, my starry country,
nor the breathing of roots.

The earth springs up as if alive
in me. I close my eyes, therefore I am.
I close my eyes and a cloud opens,
a door opens to a whiff of perfume,
a river enters, singing, with its stones,
dampness of places seeps into me,
smoky autumn gathered in
the statues of its golden church,
and even after my death, you'll see
how I still gather in the spring,

cómo asumo el rumor de las espigas
y entra el mar por mis ojos enterrados.

❀❀❀❀❀❀❀❀❀❀

Aquellas vidas

Este soy, yo diré, para dejar
este pretexto escrito: ésta es mi vida.
Y ya se sabe que no se podía:
que en esta red no sólo el hilo cuenta,
sino el aire que escapa de las redes,
y todo lo demás era inasible:
el tiempo que corrió como una liebre
a través del rocío de febrero
y más nos vale no hablar del amor
que se movía como una cadera
sin dejar donde estuvo tanto fuego
sino una cucharada de ceniza
y así con tantas cosas que volaban:
el hombre que esperó creyendo claro,
la mujer que vivió y que no vivirá,
todos pensaron que teniendo dientes,
teniendo pies y manos y alfabeto
era sólo cuestión de honor la vida.
Y éste sumó sus ojos a la historia,
agarró las victorias del pasado,
asumió para siempre la existencia
y sólo le sirvió para morir
la vida: el tiempo para no tenerlo.
Y la tierra al final para enterrarlo.
Pero aquello nació con tantos ojos
como planetas tiene el firmamento
y todo el fuego con que devoraba
la devoró sin tregua hasta dejarla.

how I take in the rustle of the wheat
and the sea enters through my buried eyes.

Those Lives

This is what I am, I'll say, to leave this written
excuse. This is my life.
Now it is clear this couldn't be done—
that in this net it's not just the strings that count
but also the air that escapes through the meshes.
Everything else stayed out of reach—
time running like a hare
across the February dew,
and love, best not to talk of love
which moved, a swaying of hips,
leaving no more trace of all its fire
than a spoonful of ash.
That's how it is with so many passing things:
the man who waited, believing, of course,
the woman who was alive and will not be.
All of them believed that, having teeth,
feet, hands, and language,
life was only a matter of honor.
This one took a look at history,
took in all the victories of the past,
assumed an everlasting existence,
and the only thing life gave him was
his death, time not to be alive,
and earth to bury him in the end.
But all that was born with as many eyes
as there are planets in the firmament,
and all her devouring fire
ruthlessly devoured her until the end.

Y si algo vi en mi vida fue una tarde
en la India, en las márgenes de un río:
arder una mujer de carne y hueso
y no sé si era el alma o era el humo
lo que del sarcófago salía
hasta que no quedó mujer ni fuego
ni ataúd ni ceniza: ya era tarde
y sólo noche y agua y sombra y río
allí permanecieron en la muerte.

❖❖❖❖❖❖❖❖❖

Pleno octubre

Poco a poco y también mucho a mucho
me sucedió la vida
y qué insignificante es este asunto:
estas venas llevaron
sangre mía que pocas veces vi,
respiré el aire de tantas regiones
sin guardarme una muestra de ninguno
y a fin de cuentas ya lo saben todos:
nadie se lleva nada de su haber
y la vida fue un préstamo de huesos.
Lo bello fue aprender a no saciarse
de la tristeza ni de la alegría,
esperar el tal vez de una última gota,
pedir más a la miel y a las tinieblas.

Tal vez fui castigado:
tal vez fui condenado a ser feliz.
Quede constancia aquí de que ninguno
pasó cerca de mí sin compartirme.
Y que metí la cuchara hasta el codo
en una adversidad que no era mía,

If I remember anything in my life,
it was an afternoon in India, on the banks of a river.
They were burning a woman of flesh and bone
and I didn't know if what came from the sarcophagus
was soul or smoke,
until there was neither woman nor fire
nor coffin nor ash. It was late,
and only the night, the water, the river, the darkness
lived on in that death.

❖❖❖❖❖❖❖❖❖

October Fullness

Little by little, and also in great leaps,
life happened to me,
and how insignificant this business is.
These veins carried
my blood, which I scarcely ever saw,
I breathed the air of so many places
without keeping a sample of any.
In the end, everyone is aware of this:
nobody keeps any of what he has,
and life is only a borrowing of bones.
The best thing was learning not to have too much
either of sorrow or of joy,
to hope for the chance of a last drop,
to ask more from honey and from twilight.

Perhaps it was my punishment.
Perhaps I was condemned to be happy.
Let it be known that nobody
crossed my path without sharing my being.
I plunged up to the neck
into adversities that were not mine,

en el padecimiento de los otros.
No se trató de palma o de partido
sino de poca cosa: no poder
vivir ni respirar con esa sombra,
con esa sombra de otros como torres,
como árboles amargos que lo entierran,
como golpes de piedra en las rodillas.

Tu propia herida se cura con llanto,
tu propia herida se cura con canto,
pero en tu misma puerta se desangra
la viuda, el indio, el pobre, el pescador,
y el hijo del minero no conoce
a su padre entre tantas quemaduras.

Muy bien, pero mi oficio
fue
la plenitud del alma:
un ay del goce que te corta el aire,
un suspiro de planta derribada
o lo cuantitativo de la acción.

Me gustaba crecer con la mañana,
esponjarme en el sol, a plena dicha
de sol, de sal, de luz marina y ola,
y en ese desarrollo de la espuma
fundó mi corazón su movimiento:
crecer con el profundo paroxismo
y morir derramándose en la arena.

into all the sufferings of others.
It wasn't a question of applause or profit.
Much less. It was not being able
to live or breathe in this shadow,
the shadow of others like towers,
like bitter trees that bury you,
like cobblestones on the knees.

Our own wounds heal with weeping,
our own wounds heal with singing,
but in our own doorway lie bleeding
widows, Indians, poor men, fishermen.
The miner's child doesn't know his father
amidst all that suffering.

So be it, but my business
was
the fullness of the spirit:
a cry of pleasure choking you,
a sigh from an uprooted plant,
the sum of all action.

It pleased me to grow with the morning,
to bathe in the sun, in the great joy
of sun, salt, sea-light and wave,
and in that unwinding of the foam
my heart began to move,
growing in that essential spasm,
and dying away as it seeped into the sand.

Deslumbra el día

Nada para los ojos del invierno,
ni una lágrima más,
hora por hora se arma verde
la estación esencial, hoja por hoja,
hasta que con su nombre nos llamaron
para participar de la alegría.

Qué bueno es el eterno *para todos*,
el aire limpio, la promesa flor:
la luna llena deja
su carta en el follaje:
hombre y mujer vuelven del mar
con un cesto mojado
de plata en movimiento.

Como amor o medalla
yo recibo,
recibo
del sur, del norte, del violín,
del perro,
del limón, de la greda,
del aire recién puesto en libertad,
recibo máquinas de aroma oscuro,
mercaderías color de tormenta,
todo lo necesario:
azahares, cordeles,
uvas como topacios,
olor de ola:
yo acumulo
sin tregua,
sin trabajo,
respiro,

Dazzle of Day

Enough now of the wet eyes of winter.
Not another single tear.
Hour by hour now, green is beginning,
the essential season, leaf by leaf,
until, in spring's name, we are summoned
to take part in joy.

How wonderful, its eternal all-ness,
new air, the promise of flower,
the full moon leaving
its calling card in the foliage,
men and women trailing back from the beach
with a wet basket
of shifting silver.

Like love, like a medal,
I take in,
take in
south, north, violins,
dogs,
lemons, clay,
newly liberated air.
I take in machines smelling of mystery,
my storm-colored shopping,
everything I need:
orange blossom, string,
grapes like topaz,
the smell of waves.
I gather up,
endlessly,
painlessly,
I breathe.

seco al viento mi traje,
mi corazón desnudo,
y cae,
cae el cielo:
en una copa
bebo
la alegría.

०|०|०|०|०|०|०|०

Las cartas perdidas

De cuanto escriben sobre mí yo leo
como sin ver, pasando,
como si no me fueran destinadas
las palabras, las justas y las crueles.
Y no es porque no acepte
la verdad buena o la mala verdad,
la manzana que quieren regalarme
o el venenoso estiércol que recibo.
Se trata de otra cosa.
De mi piel, de mi pelo,
de mis dientes,
de lo que me pasó en la desventura:
se trata de mi cuerpo y de mi sombra.

Por qué, me pregunté, me preguntaron,
otro ser sin amor y sin silencio
abre la grieta y con un clavo
a golpes
penetra en el sudor o la madera,
en la piedra o la sombra
que fueron mi substancia?

I dry my clothes in the wind,
and my open heart.
The sky falls
and falls.
From my glass,
I drink
pure joy.

Lost Letters

All the stuff they write about me I read
casually, hardly seeing it,
as if they were not really meant for me,
the appropriate words and the vicious ones.
And not just because I refuse to accept
the truth, good or bad,
the polished apple as a present,
or, on the other hand, the poisoned turd.
It's something else.
It has to do with me, with my skin, my hair,
my teeth,
the way I made my own mistakes.
It concerns my own body, my own shadow.

Why, why, I asked myself, and others asked me,
does someone else, loveless and ready with words,
prise me open and, hammering away
with a nail,
pierce my wood, my sweat,
my stone, my shadow,
the elements that are me?

Por qué tocarme a mí que vivo lejos,
que no soy, que no salgo,
que no vuelvo,
por qué los pájaros del alfabeto
amenazan mis uñas y mis ojos?
Debo satisfacer o debo ser?
A quiénes pertenezco?
Cómo se hipotecó mi poderío
hasta llegar a no pertenecerme?
Por qué vendí mi sangre?
Y quiénes son los dueños
de mis incertidumbres, de mis manos,
de mi dolor, de mi soberanía?

A veces tengo miedo
de caminar junto al río remoto,
de mirar los volcanes
que siempre conocí y me conocieron:
tal vez arriba, abajo,
el agua, el fuego, ahora me examinan:
piensan que ya no digo la verdad,
que soy un extranjero.

Por eso, entristeciendo,
leo lo que tal vez no era tristeza,
sino adhesión o ira
o comunicación de lo invisible.
Para mí, sin embargo,
tantas palabras iban
a separarme de la soledad.
Y las pasé de largo,
sin ofenderme y sin desconocerme,
como si fueran cartas
escritas a otros hombres
parecidos a mí, pero distantes
de mí, cartas perdidas.

Why me? I live far away,
I don't exist for them, I don't go out,
I don't come home.
Why do the birds of the alphabet
attack my nails and my eyes?
Have I to please them or can I just be?
Who do I belong to?
How come I mortgaged my being
till I don't belong to myself?
How come I sold my blood?
And who now owns
my indecisions, my hands,
my private pain, my pride?

Sometimes I'm afraid
of walking along the banks of strange rivers,
of looking at volcanoes
I've always known, which have always known me.
Sometimes, from below, from above,
I feel the scrutiny of water and fire.
They think I'm no longer telling the truth.
They think I'm a stranger.

So, saddened,
I read things that may not have been sad,
but friendly or angry,
or full of invisible messages.
For me, however,
so many words
would have kept me from my solitude.
I skimmed them indifferently,
neither offended nor slighted,
as if they were letters,
letters to other people,
others like me, but remote from me,
lost letters.

No hay pura luz

No hay pura luz
ni sombra en los recuerdos:
éstos se hicieron cárdena ceniza
o pavimento sucio
de calle atravesada por los pies de las gentes
que sin cesar salía y entraba en el mercado.

Y hay otros: los recuerdos buscando aún qué morder
como dientes de fiera no saciada.
Buscan, roen el hueso último, devoran
este largo silencio de lo que quedó atrás.

Y todo quedó atrás, noche y aurora,
el día suspendido como un puente entre sombras,
las ciudades, los puertos del amor y el rencor,
como si al almacén la guerra hubiera entrado
llevándose una a una todas las mercancías
hasta que a los vacíos anaqueles
llegue el viento a través de las puertas deshechas
y haga bailar los ojos del olvido.

Por eso a fuego lento surge la luz del día,
el amor, el aroma de una niebla lejana
y calle a calle vuelve la ciudad sin banderas
a palpitar tal vez y a vivir en el humo.

Horas de ayer cruzadas por el hilo
de una vida como por una aguja sangrienta
entre las decisiones sin cesar derribadas,
el infinito golpe del mar y de la duda
y la palpitación del cielo y sus jazmines.

There Is No Clear Light

There is no clear light,
no clear shadow, in remembering.
They have grown ashy-gray,
a grubby sidewalk
crisscrossed by the endless feet of those
who come in and out of the market.

And there are other memories, still looking for something to bite,
like fierce, unsatisfied teeth.
They gnaw us to the last bone, devouring
the long silence of all that lies behind us.

And everything lies behind, nights, dawns,
days hanging like bridges between darknesses,
cities, doors into love and rancor,
as if war had broken into the store
and carried off everything there, piece by piece,
till through broken doors
the wind blows over empty shelves
and makes the eyes of oblivion dance.

That's why daylight comes with slow fire,
and love, the whiff of far-off fog,
and street by street the city comes back, without flags,
trembling perhaps, to live in its smoke.

Yesterday's hours, stitched by life
threaded on a bloodstained needle,
between decisions endlessly unfulfilled,
the infinite beat of the sea and of doubt,
the quiver of the sky and its jasmine.

Quién soy Aquél? Aquel que no sabía
sonreír, y de puro enlutado moría?
Aquel que el cascabel y el clavel de la fiesta
sostuvo derrocando la cátedra del frío?

Es tarde, tarde. Y sigo. Sigo con un ejemplo
tras otro, sin saber cuál es la moraleja,
porque de tantas vidas que tuve estoy ausente
y soy, a la vez soy aquel hombre que fui.

Tal vez es éste el fin, la verdad misteriosa.

La vida, la continua sucesión de un vacío
que de día y de sombra llenaban esta copa
y el fulgor fue enterrado como un antiguo príncipe
en su propia mortaja de mineral enfermo,
hasta que tan tardíos ya somos, que no somos:
ser y no ser resultan ser la vida.

De lo que fui no tengo sino estas marcas crueles,
porque aquellos dolores confirman mi existencia.

Who is that other me, who didn't know
how to smile, who died of sheer mourning?
The one who endured the bells and the carnations,
destroying the lessons of the cold?

It's late, late, but I go on, from example to example,
without knowing what the moral is,
because, in my many lives, I am absent.
I'm here now, and I'm also the man I was,
both at the same time.

Perhaps that's it, the real mystery.

Life, steady flow of emptiness
which filled this cup with days and shadows,
all brightness buried like an old-time prince
in his own infirm and mineral shroud,
until we are so behind that we don't exist.
To be and not to be—that's what life is.

Of all that I was, I bear only these cruel scars,
because those griefs confirm my very existence.

El fuego cruel

Cruel Fire

El fuego cruel

EL FUEGO CRUEL

Aquella guerra! El tiempo
un año y otro y otrc
deja caer como si fueran tierra
para enterrar
aquello
que no quiere morir: claveles,
agua,
cielo,
la España, a cuya puerta
toqué, para que abrieran,
entonces, allá lejos,
y una rama cristalina
me acogió en el estío
dándome sombra y claridad,
frescura
de antigua luz que corre
desgranada
en el canto:
de antiguo canto fresco
que solicita
nueva
boca para cantarlo.
Y allí llegué para cumplir mi canto.
Ya he cantado y contado
lo que con manos llenas me dio España,
y lo que me robó con agonía,
lo que de un rato a otro
me quitó de la vida
sin dejar en el hueco

Cruel Fire

CRUEL FIRE

That war! Time let fall
a year and another and another
as if they were earth
to bury
these things
that had no wish to die: carnations,
water,
sky,
Spain, at whose door
I knocked, for it to open,
far back there,
and a shining branch
welcomed me in summer,
giving me shade and clarity,
the freshness
of its ancient light which flows
in abundance
in its singing,
an ancient, refreshing song
looking for
a new
voice to sing it.
And I arrived there to find my own song.
I've already sung and told
of what Spain gave me with full hands
and stole from me in agony,
what from one moment to the next
it took from my life,
leaving in the hole

más que llanto,
llanto del viento en una cueva amarga,
llanto de sangre sobre la memoria.

Aquella guerra! No faltó la luz
ni la verdad,
no hizo falta la dicha sino el pan,
estuvo allí el amor, pero no los carbones:
había hombre, frente, ojos, valor
para la más acribillada gesta
y caían las manos como espigas cortadas
sin que se conociera la derrota,
esto es, había poder de hombre y de alma,
pero no había fusiles
y ahora les pregunto
después de tanto olvido:
qué hacer? qué hacer? qué hacer?

Respóndanme, callados,
ebrios de aquel silencio, soñadores
de aquella falsa paz y falso sueño,
qué hacer con sólo cólera en las cejas?
con sólo puños, poesía, pájaros,
razón, dolor, qué hacer con las palomas?
qué hacer con la pureza y con la ira
si delante de ti se te desgrana
el racimo del mundo
y ya la muerte
ocupa
la mesa
el lecho
la plaza
el teatro
la casa vecina
y blindada se acerca desde Albacete y Soria,
por costa y páramo, por ciudad y río,
calle por calle,
y llega,

only weeping,
weeping of the wind in a bitter cave,
weeping of blood in the memory.

That war! There was no lack of light
or truth,
no lack of joy but a lack of bread.
There was love there but no coal,
there were men, faces, eyes, courage
ready to take on the most painful things,
but hands dropped like cut flowers
without even being defeated,
that's it, there was power, of men, of the spirit,
but there were no rifles,
and now I ask
after so much forgotten time:
What could we have done? What could we have done?

Answer me, silent ones
drunk on that silence, dreamers
in that false peace, in that false dream,
what could we have done with anger alone?
With only fists, poetry, birds,
reason, pain, what could we have done with doves?
What could we have done with innocence and anger
when before our eyes the abundance of the world
was spilling out
and now death
takes over
table,
bed,
marketplace,
theater,
house next door,
and marches in armor from Albacete and Soria,
by coast and plain, by city and river,
street by street,
and arrives,

y no hay sino la piel para pelearle,
no hay sino las banderas y los puños
y el triste honor ensangrentado
con los pies rotos,
entre polvo y piedra,
por el duro camino catalán
bajo las balas últimas
caminando
ay! hermanos valientes, al destierro!

LOS MUERTOS

Y luego aquellas muertes que me hicieron
tanto daño y dolor
como si me golpearan hueso a hueso:
las muertes personales
en que también tú mueres.
Porque allí a Federico y a Miguel
los amarraron a la cruz de España,
les clavaron los ojos y la lengua,
los desangraron y quemaron vivos,
los blasfemaron y los insultaron,
los hicieron rodar por los barrancos
aniquilados
porque sí, porque no, porque así fue.
Así fueron heridos,
crucificados
hasta en el recuerdo
con la muerte española,
con las moscas rondando
las sotanas,
carcajada y escupo entre las lanzas,
mínimos esqueletos
de ruiseñor
para el aciago osario,
gotas de miel sangrienta
perdida
entre los muertos.

and we have only our skin to fight it with,
only our flags and our fists,
and our honor, sorrowing and bleeding,
with feet broken
on the dust and stones
of the hard roads of Catalonia,
marching
under the final bullets
into exile, oh my brave brothers!

THE DEAD

And afterwards, those deaths which gave me
so much pain, so much sorrow,
as if they had beaten me, bone by bone,
personal deaths
through which we too die.
Because there they bound them to the cross of Spain,
Federico and Miguel,
they drove nails through their eyes and their tongues,
they bled them and burned them alive,
they blasphemed and insulted them,
they tumbled their wasted bodies
into ravines,
because of this, because of that, because that's how it was.
Thus were they brutalized,
crucified,
till they are remembered
among all the Spanish dead,
with flies buzzing
about the cassocks,
the jeers and spitting among the weapons,
like the tiny skeletons
of nightingales
bound for the dreadful bone-house,
drops of bleeding honey
lost
among all the dead.

YO RECUERDO

Doy fe!
Yo estuve
allí,
yo estuve
y padecí y mantengo
el testimonio
aunque no haya nadie
que recuerde
yo
soy el que recuerda,
aunque no queden ojos en la tierra
yo seguiré mirando
y aquí quedará escrita
aquella sangre,
aquel amor aquí seguirá ardiendo,
no hay olvido, señores y señoras,
y por mi boca herida
aquellas bocas seguirán cantando!

MUCHO TIEMPO TRANSCURRE

Luego llegaron, lentos como bueyes,
y como veintiséis sacos de hierro,
siglos de doce meses
que cerraban España
al aire, a la palabra,
a la sabiduría,
restituyendo piedra y argamasa,
barrotes y cerrojos
a aquellas puertas que para mí se abrieron
durante el mediodía inolvidable.
Se acostumbró el dolor a la paciencia,
zozobró la esperanza en el destierro,
se desgranó la espiga
de españoles
en Caracas espléndida, en Santiago,

I REMEMBER

I bear witness!
I was
there,
I was there
and I suffered and I
bear witness
although there is nobody
to remember,
I
am the one who remembers,
although there are no eyes left on the earth,
I'll go on seeing
and that blood
will be recorded here,
that love will go on burning here.
There's no forgetting, ladies and gentlemen,
and through my wounded mouth
those mouths will go on singing!

MUCH TIME PASSES

Then they came, slow as oxen,
like twenty-six sacks of iron,
centuries of twelve months
which shut off Spain
from air, from words,
from wisdom,
bringing back stone and mortar,
braces and bolts
to those doors which opened for me
during that unforgettable noontime.
Suffering grew used to being patient,
hope foundered in exile,
the flower of Spain
grew and spread
in noble Caracas, in Santiago,

en Veracruz, en las arenas
de Uruguay generoso.

MISIÓN DE AMOR

Yo los puse en mi barco.
Era de día y Francia
su vestido de lujo
de cada día tuvo aquella vez,
fue
la misma claridad de vino y aire
su ropaje de diosa forestal.
Mi navío esperaba
con su remoto nombre
"Winipeg"
pegado al malecón del jardín encendido,
a las antiguas uvas acérrimas de Europa.
Pero mis españoles no venían
de Versalles,
del baile plateado,
de las viejas alfombras de amaranto,
de las copas que trinan
con el vino,
no, de allí no venían,
no, de allí no venían.
De más lejos,
de campos y prisiones,
de las arenas negras
del Sahara,
de ásperos escondrijos
donde yacieron
hambrientos y desnudos,
allí a mi barco
claro,
al navío en el mar, a la esperanza
acudieron llamados uno a uno
por mí, desde sus cárceles,
desde las fortalezas

in Veracruz, in the sand
of generous Uruguay.

MISSION OF LOVE

I put them on my boat.
It was daytime and France
was wearing on that occasion
its everyday finery,
the same clear wine and air,
robes of a tree goddess.
My ship
with its strange name,
Winnipeg,
was waiting,
tied alongside a garden on fire,
vines with the strong grapes of Europe.
But my Spaniards weren't arriving
from Versailles
with its elegant ballrooms,
its rich old carpets,
its glasses tinkling
with wine;
no, they didn't come from there,
no, they didn't come from there.
They came from further away,
from fields and prisons,
from the black sands
of the Sahara,
from bitter hiding places
where they lay
starving and naked,
to my bright
boat
in the sea there, to a hope
they came, summoned one by one
by me, from their cells,
from the fortresses

de Francia tambaleante
por mi boca llamados
acudieron,
Saavedra, dije, y vino el albañil,
Zúñiga, dije, y allí estaba,
Roces, llamé, y llegó con severa sonrisa,
grité, Alberti! y con manos de cuarzo
acudió la poesía.
Labriegos, carpinteros,
pescadores,
torneros, maquinistas,
alfareros,
curtidores:
se iba poblando el barco
que partía a mi patria.
Yo sentía en los dedos
las semillas
de España
que rescaté yo mismo y esparcí
sobre el mar, dirigidas
a la paz
de las praderas.

YO REÚNO

Qué orgullo el mío cuando
palpitaba
el navío
y tragaba
más y más hombres, cuando
llegaban las mujeres
separadas
del hermano, del hijo, del amor,
hasta el minuto mismo
en que
yo
los reunía,
y el sol caía sobre el mar

of tottering France
they came,
summoned by my voice.
Saavedra, I called, and the mason came.
Zúñiga, I said, and there he was.
Roces, I called, and he came with his serious smile.
Alberti! I cried out, and poetry arrived
with its hands of quartz.
Farmers, carpenters,
fishermen,
machinists, turners,
potters,
tanners—
the boat which was leaving for my country
was filling up.
I felt between my fingers
the seeds
of Spain
which I rescued and scattered
on the sea, toward
the peace
of the prairies.

I BRING THEM TOGETHER

What pride I felt when
the ship
was throbbing
and swallowing
more and more men, when
the women arrived,
separated
from brothers, sons, and lovers
until the very moment
that
I
brought them together,
and the sun went down in the sea

y sobre
aquellos
seres desamparados
que entre lágrimas locas,
entrecortados nombres,
besos con gusto a sal,
sollozos que se ahogaban,
ojos que desde el fuego sólo aquí se encontraron:
de nuevo aquí nacieron
resurrectos,
vivientes,
y era mi poesía la bandera
sobre
tantas congojas,
la que desde el navío los llamaba
latiendo y acogiendo
los legados
de la descubridora
desdichada,
de la madre remota
que me otorgó la sangre y la palabra.

Ay! Mi ciudad perdida

Me gustaba Madrid y ya no puedo
verlo, no más, ya nunca más, amarga
es la desesperada certidumbre
como de haberse muerto uno también al tiempo
que morían los míos, como si se me hubiera
ido a la tumba la mitad del alma,
y allí yaciere entre llanuras secas,
prisiones y presidios,
aquel tiempo anterior cuando aún no tenía

over
those
forsaken souls,
among wild tears,
stuttered names,
kisses that smacked of salt,
swallowed sobs,
eyes that met for the first time since the fire;
here they were born again,
resurrected,
alive,
and my poetry was the flag
that flew over
so much anguish,
that summoned them from the ship,
waving and welcoming,
legacy
of the unfortunate
discoverer,
the remote mother
who gave me blood and voice.

◊⊹◊⊹◊⊹◊⊹◊⊹◊

Oh, My Lost City

I liked Madrid and now
I can't see it again, not anymore, a bitter
but desperate certainty, coming
from having died at the time
when my friends died, as if
half of my spirit had gone to the grave
and lay there among dry plains,
prisons and prisoners,
and an earlier time when the flowers

sangre la flor, coágulos la luna.
Me gustaba Madrid por arrabales,
por calles que caían a Castilla
como pequeños ríos de ojos negros:
era el final de un día:
calles de cordeleros y toneles,
trenzas de esparto como cabelleras,
duelas arqueadas desde
donde
algún día
iba a volar el vino a un ronco reino,
calles de los carbones,
de las madererías,
calles de las tabernas anegadas
por el caudal
del duro Valdepeñas
y calles solas, secas, de silencio
compacto como adobe,
e ir y saltar los pies sin alfabeto,
sin guía, ni buscar, ni hallar, viviendo
aquello que vivía
callando con aquellos
terrones, ardiendo
con las piedras
y al fin callado el grito de una ventana, el canto
de un pozo, el sello
de una gran carcajada
que rompía
con vidrios
el crepúsculo, y aún
más acá,
en la garganta
de la ciudad tardía,
caballos polvorientos,
carros de ruedas rojas,
y el aroma
de las panaderías al cerrarse
la corola nocturna

were not stained with blood, the moon with blood clots.
I liked Madrid, its outskirts,
its streets that fell away to Castile
like little rivers of black eyes.
It was the ending of a day—
streets of ropeworks and barrels,
tresses of esparto like hair,
bent staves from which
one day
wine
would take flight to its raucous kingdom,
streets of coal,
lumberyards,
streets of taverns overflowing
with an abundance
of the hard wine of Valdepeñas,
and solitary streets, dry,
with a silence as tight as adobe,
and the going and coming of my unlettered feet,
unguided, neither looking nor finding, living
what was lived,
being silent with
those plots, burning
with the stones,
and finally silent, the screech of a window, the song
of a well, the sound
of a great guffaw
which broke
the glass
of twilight, and even
closer,
in the throat
of the evening city,
dusty horses,
carts with red wheels,
and the aroma
of closing bakeries,
the crown of night,

mientras enderezaba mi vaga dirección
hacia Cuatro Caminos, al número
3
de la calle Wellingtonia
en donde me esperaba
bajo dos ojos con chispas azules
la sonrisa que nunca he vuelto a ver
en el rostro
—plenilunio rosado—
de Vicente Aleixandre
que dejé allí a vivir con sus ausentes.

⊙⊹⊙⊹⊙⊹⊙⊹⊙⊹⊙⊹⊙

Tal vez cambié desde entonces

A mi patria llegué con otros ojos
que la guerra me puso
debajo de los míos.
Otros ojos quemados
en la hoguera,
salpicados
por llanto mío y sangre de los otros,
y comencé a mirar y a ver más bajo,
más al fondo inclemente
de las asociaciones. La verdad
que antes no despegaba de su cielo
como una estrella fue,
se convirtió en campana,
oí que me llamaba
y que se congregaban otros hombres
al llamado. De pronto
las banderas de América,
amarillas, azules, plateadas,
con sol, estrella y amaranto y oro

as I turned vaguely toward
Cuatro Caminos,
Calle Wellingtonia,
number 3,
where, with eyes like blue sparks,
face like a pink full moon,
a smile I have never gone back to see,
Vicente Aleixandre
was waiting for me.
I left him there to live with his dead friends.

☼☼☼☼☼☼☼☼☼☼

Perhaps I've Changed Since Then

I arrived in my country with different eyes
which the war had grafted
underneath my own,
other eyes burned
in the bonfire,
splashed
by my own tears and the blood of the others,
and I began to look and to see deeper,
into the troubled depths
of human connections. The truth
which before did not come loose from the sky
as a star does
changed into a bell.
I realized that it was calling me
and that other men were rallying
to its call. Suddenly
the banners of America,
yellow, blue, silver,
with sun and star and amaranth and gold,

dejaron a mi vista
territorios desnudos,
pobres gentes de campos y caminos,
labriegos asustados, indios muertos,
a caballo, mirando ya sin ojos,
y luego el boquerón infernal de las minas
con el carbón, el cobre y el hombre devastados,
pero eso no era todo
en las repúblicas,
sino algo sin piedad, sin amasijo:
arriba un galopante, un frío soberbio
con todas sus medallas,
manchado en los martirios
o bien los caballeros en el Club
con vaivén discursivo entre las alas
de la vida dichosa
mientras el pobre ángel oscuro,
el pobre remendado,
de piedra en piedra andaba y anda aún
descalzo y con tan poco qué comer
que nadie sabe cómo sobrevive.

＊┼０┼０┼０┼０┼０┼０

Los míos

Yo dije: Ayer la sangre!
Vengan a ver la sangre de la guerra!
Pero aquí era otra cosa.
No sonaban los tiros,
no escuché por la noche
un río de soldados
pasar
desembocando
hacia la muerte.

left in my vision
naked territories,
poor people from fields and roads,
frightened farmers, dead Indians,
on horseback, gazing without any eyes,
and then the terrible maw of the mines
with coal, copper, and devastated men,
but that was not all
in the republics:
there was something else, pitiless, unformed.
A man on horseback, a cold arrogance,
all his medals
stained by martyred blood,
or else the gentlemen in the club
in their talkative rocking chairs, on the wings
of a good life,
while the poor anonymous angel,
the poor patched-up one,
walked from stone to stone and is still walking
barefoot and with so little to eat
that nobody knows how he survives.

❀❀❀❀❀❀❀❀❀

My People

I said: "Yesterday, blood!
Come and see the blood of war!"
But here it was different.
No sound of bullets.
I didn't hear at night
a river of soldiers
passing
in a flow
on their way to death.

Era otra cosa aquí, en las cordilleras,
algo gris que mataba,
humo, polvo de minas o cemento,
un ejército oscuro
caminando
en un día sin banderas
y vi dónde vivía
el hacinado
envuelto por madera rota,
tierra podrida, latas oxidadas,
y dije "yo no aguanto"
dije "hasta aquí llegué en la soledad".
Hay que ver estos años desde entonces.
Tal vez cambió la piel de los países,
y se vio que el amor era posible.
Se vio que había que dar sin más remedio,
se hizo la luz y de un extremo a otro
de la aspereza
ardió la llama viva
que yo llevé en las manos.

❄❄❄❄❄❄❄❄

En las minas de arriba

En las minas de arriba fui elegido,
llegué al Senado, me senté, juré,
con los distinguidos señores.
"Juro" y era vacío el juramento
de muchos, no juraban
con la sangre, sino con la corbata,
juraban con la voz, con lengua, labios
y dientes, pero allí se detenía
el juramento.

Here it was different, in the cordilleras,
a gray thing that killed,
smoke, dust from the mines or cement,
a vague army
trudging
on a day with no flags
and I saw where they lived
in a heap
surrounded by broken wood,
dried-up earth, rusty tins,
and I said "I can't accept this,"
I said "I've come this far in solitude."
You have to see these years from that time on.
Maybe the skin of countries changed
and love was seen to be possible.
Clearly, one had to give, there was no alternative.
Light dawned, and from one extreme
of asperity to the other
the living flame burned
which I raised in my hands.

✿┼◊┼◊┼◊┼◊┼◊

In the High Mines

From the high mines I was elected.
I arrived at the Senate, I took my seat, I swore
along with the distinguished senators.
"I swear"—but it was empty, the oath
that many took. They didn't swear
with their blood but with their tie,
they swore with their voices, with tongue, lips,
and teeth, but that's as far as it went,
the oath.

Yo traía la arena,
la pampa gris, la luna
ancha y hostil de aquellas soledades,
la noche del minero,
le sed del día duro
y la cuchara
de latón pobre de la pobre sopa:
yo traje allí el silencio,
la sangre de allá arriba,
del cavatierras casi exterminado
que aún me sonreía
con dentadura alegre,
y juré con el hombre y con su arena,
con hambre y minerales combatidos,
con la destreza y la pobreza humana.

Cuando yo dije "Juro"
no juré deserción ni compromiso,
ni por lograr honores o atavío
vine a poner la mano ardiendo
sobre el código seco
para que ardiera y se quemara con
el soplo desolado de la arena.
A veces me dormía
oyendo la cascada
invulnerable
del interés y los interesados,
porque al final algunos no eran hombres,
eran el 0, el 7, el 25,
representaban
cifras
de soborno,
el azúcar les daba la palabra
o la cotización de los frejoles,
uno era el senador por el cemento,
otro aumentaba el precio del carbón,
otro cobraba el cobre, el cuero,
la luz eléctrica, el salitre, el tren,

With me I brought sand,
the gray pampa, the wide
and hostile moon of those solitudes,
the miner's night,
the thirst of the brutal day
and the poor brass
soup spoon for their poor soup.
I brought there the silence,
the blood of that northern place,
of miners almost wiped out
who still smiled at me
with cheerful teeth,
and I swore in the name of the men and their sand,
in the name of hunger and militant minerals,
in the name of labor and poverty.

When I said "I swear,"
I didn't swear in the name of desertion or compromise,
nor to gather up honors or decorations;
I came to lay my burning hand
on the dry book
to set it on fire and have it burn
with the desolate breath of that sand.
Sometimes I fell asleep
listening to
the invulnerable flow
of interests and those with interests,
because in the end some of them weren't men;
they were 0, or 7, or 25,
they stood for
ciphers
of bribes.
Sugar gave them the floor
or the current price of beans.
One was senator for cement,
another raised the price of coal,
another acquired copper, leather,
electric light, saltpeter, trains,

los automóviles, los armamentos,
las maderas del Sur pagaban votos,
y vi a un momificado caballero,
propietario de las embarcaciones:
nunca sabía cuándo
debía decir sí o exclamar no:
era como un antiguo buzo frío
que se hubiere quedado por error
debajo de la sal de la marea
y aquel hombre sin hombre
y con salmuera
determinaba por extraña suerte
la ley del yugo que se promulgaba
contra los pobres pueblos,
estipulando en cada codicilo
el hambre y el dolor
de cada día,
dando razón sólo a la muerte
y cebando el bolsillo
del negrero.
Correctos
eran
a la luz antagónica
los mercaderes lívidos
de la pobre República,
planchados,
respetables,
reunidos
en su pulcro corral de madera lustrosa,
regalando uno a otro la sonrisa,
guardando en el bolsillo
la semilla
de la creciente planta
del dinero.

Era mejor la superior planicie
o el socavón de piedra y explosiones
de los que allí me enviaron:

automobiles, armaments.
The wood from the South paid for votes,
and I saw one mummified gentleman,
the owner of a shipping line.
He never knew exactly when
he ought to say yes or shout out no.
He was like some ancient, frozen diver
who had stayed by some mistake
under the tidal salt,
and that manless man
with brine in his veins
by some strange chance decided
the law of the yoke which was proclaimed
against the poor people,
stipulating
daily hunger and misery
in every codicil,
approving only of death
and fattening the pocket
of the slaver.
In the antagonistic light
they were
most proper,
the livid dealers
of the poor Republic,
well-pressed,
respectable,
assembled
in their neat corral of polished wood,
presenting smiles to one another,
keeping in their pockets
the seed
of the growing plant,
money.

I preferred the higher plain
or the cavern of stone and explosives
of the people who sent me there—

hirsutos camaradas,
mujercitas sin tiempo de peinarse,
hombres abandonados
de la gran minería.

Pronto estuvieron todos
de acuerdo como clavos
de un caserón
podrido:
se caían las tablas,
pero eran solidarios
de la estructura muerta.
Se dispusieron todos
a dar cárcel, tormento,
campos de prisioneros,
éxodo y muerte a aquellos
que alimentaban alguna esperanza
y vi que eran heridos
los lejanos,
asesinados
mis
ausentes compañeros
del desierto, no sólo
dispusieron para ellos
la costa cruel, Pisagua,
la soledad, el duelo, el desamparo,
como único reino, no sólo
en sudor y peligro,
hambre, frío, miseria desolada,
consistió para el compatriota pobre
el pan de cada uno de sus días:
ahora
aquí en este recinto
pude ver, escuchar,
semicerrados y sedosos peces,
sonrosados enormes calamares,
armados de camisa y de reloj,
firmando la condena

bearded comrades,
women who had no time to comb their hair,
men who had given themselves up
to the business of mining.

They all soon agreed
like nails
in an old, rotting
mansion.
Planks collapsed
but they were pillars
of that dead building.
They were all ready
to send to prison, torture,
prison camps,
exile, death
those who nourished any hope,
and I saw that they were hurt,
murdered,
those faraway friends
of mine
from the desert, but that my senators
had arranged for them
a stay in Pisagua, the cruel coast,
solitude, pain, helplessness
as a place for them, not just
sweat, danger,
hunger, cold, misery,
as their everyday bread,
my countrymen,
but now,
here, in this new place,
I saw and heard
sleepy, somnolent fish,
huge, pink octopuses,
with the assurance of shirts and watches,
signing the sentence

del pobre diablo oscuro,
del pobre camarada de la mina.
Todos de acuerdo
estaban
en romper la cabeza
del hambriento,
en azuzar las lanzas,
los garrotes,
en condenar la patria
a cien años de arena.
Escogieron
las costas
infernales
o el inhabitable espinazo
de los Andes,
cualquier
sitio
con muerte a plazo fijo
era escogido
con la lupa en el mapa:
un trozo
de papel amarillo,
un punto de oro, así
lo disfrazó la geografía,
pero el presidio de Pisagua, abrupta
prisión de piedra y agua,
dejó una cicatriz de mordedura
en la patria, en su pecho de paloma.

of the poor wretches,
my poor doomed miner friends.
They were all agreed
to punish
the hungry,
to invoke weapons
and garrotes
to doom our country
to a hundred years of sand.
They picked out
the terrible
beaches,
the inhuman spine
of the Andes,
anywhere
where death would be a secret
through a magnifying glass
on the map:
a sheet of
yellow paper,
a gold pencil, so
did they deceive geography,
but the prison in Pisagua, brutal
place of stone and water,
left a scar like a bite
on Chile, on its dove's breast.

Revoluciones

Cayeron dignatarios
envueltos en sus togas
de lodo agusanado,
pueblos sin nombre levantaron lanzas,
derribaron los muros,
clavaron al tirano contra sus puertas de oro
o simplemente en mangas de camisa
acudieron
a una pequeña reunión
de fábrica, de mina o de oficio.
Fueron éstos
los
años
intermedios:
caía Trujillo con sus muelas de oro,
y en Nicaragua
un Somoza acribillado
a tiros
se desangró en su acequia pantanosa
para que sobre aquella rata muerta
subiese aún como un escalofrío
otro Somoza o rata
que no durará tanto.
Honor y deshonor, vientos contrarios
de los días terribles!
De un sitio aún escondido llevaron al poeta
algún laurel oscuro
y lo reconocieron:
las aldeas pasó
con su tambor de cuero claro,
con su clarín de piedra.
Campesinos de entrecerrados ojos

Revolutions

Dignitaries fell,
wrapped in their togas
of worm-eaten mud,
nameless people shouldered spears,
tumbled the walls,
nailed the tyrant to his golden door,
or in shirt-sleeves, went
simply
to a small meeting
in factories, offices, mines.
These were
the
in-between
years.
Trujillo of the gold teeth fell
and in Nicaragua
one Somoza, riddled
with bullets,
bled to death in his swamp
for another Somoza-rat
to emerge like a chill
in the place of that dead rat;
but he will not last long.
Honor and dishonor, contrary winds
of those terrible days!
From some still-hidden place, they brought
a vague laurel crown to the poet
and recognized him.
He passed the villages
with his leather drum
and stone trumpet.
Country people with half-shut eyes

que aprendieron a oscuros en la sombra
y aprendieron el hambre como un texto sagrado
miraron al poeta que cruzaba
volcanes, aguas, pueblos y llanuras,
y supieron quién era:
lo resguardaron
bajo
sus follajes.
El poeta
allí estaba con su lira
y su bastón cortado en la montaña
de un árbol oloroso
y mientras más sufría
más sabía,
más cantaba aquel hombre:
había encontrado
a la familia humana,
a sus madres perdidas,
a sus padres,
al infinito número
de abuelos, a sus hijos,
y así se acostumbró
a tener mil hermanos.
Un hombre así no se sentía solo.
Y además con su lira
y su bastón del bosque
a la orilla
del río innumerable
se mojaba los pies
entre las piedras.
Nada pasaba o nada parecía
pasar:
tal vez el agua que iba
resbalando en sí misma,
cantando
desde la transparencia:
la selva lo rodeaba
con su color de hierro:

who had learned in the dark
and knew hunger like a sacred text
looked at the poet who had crossed
volcanoes, waters, peoples, and plains
and knew who he was.
They sheltered him
under
their foliage.
The poet
was there with his lyre
and his stick, cut in the mountains
from a fragrant tree,
and the more he suffered,
the more he knew,
the more he sang.
He had found
the human family,
his lost mothers,
his fathers,
an infinite number
of grandfathers, of children,
and so he grew used to
having a thousand brothers.
So, he didn't suffer from loneliness.
Besides, with his lyre
and his forest stick
on the bank
of the infinite river
he cooled his feet
among the stones.
Nothing happened, or nothing seemed
to happen—
the water, perhaps, which slithered
on itself,
singing
from transparency.
The iron-colored jungle
surrounded him.

allí era el punto puro,
el grado más azul, el centro inmóvil
del planeta
y él allí con su lira,
entre las peñas
y el agua
rumorosa,
y nada transcurría
sino el ancho silencio,
el pulso, el poderío
de la naturaleza
y sin embargo
a un grave amor estaba destinado,
a un honor iracundo.
Emergió de los bosques
y las aguas:
iba con él con claridad de espada
el fuego de su canto.

❀❀❀❀❀❀❀❀

Soliloquio en las olas

Sí, pero aquí estoy solo.
Se levanta
una ola,
tal vez dice su nombre, no comprendo,
murmura, arrastra el peso
de espuma y movimiento
y se retira. A quién
preguntaré lo que me dijo?
A quién entre las olas
podré nombrar?
Y espero.

That was the still point,
the bluest, the pure center
of the planet,
and he was there with his lyre,
among boulders
and the sounding
water,
and nothing happened
except the wide silence,
the pulse, the power
of the natural world.
He was, however,
fated for a grave love,
an angry honor.
He came out from the woods
and the waters.
With him went, clear as a sword,
the fire of his song.

◦⦾◦⦾◦⦾◦⦾◦⦾◦

Soliloquy in the Waves

Yes, but here, I am alone.
A wave
builds up,
perhaps it says its name, I don't understand,
mutters, humps in its load
of movement and foam
and withdraws. Who
can I ask what it said to me?
Who among the waves
can I name?
And I wait.

Otra vez se acercó la claridad,
se levantó en la espuma
el dulce número
y no supe nombrarlo.
Así cayó el susurro:
se deslizó a la boca de la arena:
el tiempo destruyó todos los labios
con la paciencia
de la sombra y el
beso anaranjado
del verano.
Yo me quedé solo
sin poder acudir a lo que el mundo,
sin duda, me ofrecía,
oyendo
cómo se desgranaba la riqueza,
las misteriosas uvas
de la sal, el amor desconocido
y quedaba en el día degradado
sólo un rumor
cada vez más distante
hasta que todo lo que pudo ser
se convirtió en silencio.

❀❀❀❀❀❀❀❀❀

Cordilleras de Chile

Debo decir que el aire
establece una red. Y nubes, nieve,
en lo más alto andino,
se detuvieron como peces puros,
inmóviles, invictos.
Estoy rodeado
por la fortaleza

Once again the clearness approached,
the soft numbers
rose in foam
and I didn't know what to call them.
So they whispered away,
seeped into the mouth of the sand.
Time obliterated all lips
with the patience
of shadow and
the orange kiss
of summer.
I stayed alone,
unable to respond to what the world
unquestionably was offering me,
listening to
that richness spreading itself,
the mysterious grapes
of salt, love unknown,
and in the used-up day
only a rumor remained,
further away each time,
until everything that was able to be
changed itself into silence.

✦✧✦✧✦✧✦✧✦

Cordilleras of Chile

I have to say that the air
sets up a net; and clouds and snow
on the highest peaks of the Andes
stayed still like pure fish,
unmoving, unconquered.
I am surrounded
by a fortress

del páramo más áspero:
en sus mil torres silba
el viento venidero,
y desde cordilleras desdentadas
cae el agua metálica
en un hilo veloz
como si huyera
del cielo abandonado.
Toda palabra muere y todo muere
y es de silencio y frío la materia
del muerto y del sarcófago:
a plena luz, brillando, corre el río,
lejos de la dureza
y de morir se aleja despeñando
la nieve que el dolor endurecía
y que bajó muriendo
desde la cruel altura
en que dormía:
ayer, amortajada,
hoy, amante del viento.

El desconocido

Quiero medir lo mucho que no sé
y es así como llego
sin rumbo, toco y abren, entro y miro
los retratos de ayer en las paredes,
el comedor de la mujer y el hombre,
los sillones, las camas, los saleros,
sólo entonces comprendo
que allí no me conocen.
Salgo y no sé qué calles voy pisando,
ni cuántos hombres devoró esta calle,

of most desolate moors.
The arriving wind
whistles in a thousand towers
and from the toothless cordilleras
falls the metallic water
in a swift thread
as if it were fleeing
from the abandoned sky.
All words die and everything dies
and all is silence and cold, stuff
of death and the sarcophagus.
In the full light, shining, a river runs,
far from the stoniness,
and, hardened by gloom, the snow,
falling, takes itself off from dying
and dies as it falls
from the cruel heights
where it was sleeping;
yesterday, shrouded,
today, lover of the wind.

The Unknown One

I want to measure the many things I don't know
and that's how I arrive
aimlessly, I knock and they open, I enter and see
yesterday's pictures on the walls,
the dining room of the man and the woman,
armchairs, beds, saltcellars.
Only then do I understand
that there they don't know me.
I go out and I don't know what streets I'm walking,
nor how many men this street has eaten up,

cuántas pobres mujeres incitantes,
trabajadores de diversa raza
de emolumentos insatisfactorios.

La primavera urbana

Se gastó el pavimento hasta no ser
sino una red de sucios agujeros
en que la lluvia acumuló sus lágrimas,
luego llegaba el sol como invasor
sobre el gastado piso
de la ciudad sin fin acribillada
de la que huyeron todos los caballos.
Por fin cayeron algunos limones
y algún vestigio rojo de naranjas
la emparentó con árboles y plumas,
le dio un susurro falso de arboleda
que no duraba mucho,
pero probaba que en alguna parte
se desnudaba entre los azahares
la primavera impúdica y plateada.

Era yo de aquel sitio? De la fría
contextura de muro contra muro?
Pertenecía mi alma a la cerveza?
Eso me preguntaron al salir
y al entrar en mí mismo, al acostarme,
eso me preguntaban las paredes,
la pintura, las moscas, los tapices
pisados tantas veces
por otros habitantes parecidos
a mí hasta confundirse:
tenían mi nariz y mis zapatos,

nor how many poor and tantalizing women,
workers of various breeds
and far from satisfactory rewards.

Spring in the City

The sidewalk has been worn till it is only
a network of dirty holes
in which the tears of the rain gathered;
then came the sun, an invader
over the wasted ground
of the endlessly riddled city
from which all the horses fled.
At last, some lemons fell
and a red vestige of oranges
connected it with trees and feathers,
whispered falsely of orchards
which did not last long
but showed that somewhere
the shameless, silvered spring
was undressing among the orange blossoms.

Was I from that place? From the cold
texture of adjoining walls?
Did my spirit have to do with beer?
They asked me that when I went out,
when I entered myself again, when I went to bed,
they were asking me that, the walls,
the paint, the flies, the carpets
trodden so many times
by other inhabitants
who could be confused with me.
They had my nose and my shoes,

la misma ropa muerta de tristeza,
las mismas uñas pálidas, prolijas,
y un corazón abierto como un mueble
en que se acumularon los racimos,
los amores, los viajes y la arena,
es decir, todo lo que sucediendo
se va y se queda inexorablemente.

❁❁❁❁❁❁❁❁❁❁

Me siento triste

Tal vez yo protesté, yo protestaron,
dije, tal vez, dijeron: tengo miedo,
me voy, nos vamos, yo no soy de aquí,
no nací condenado al ostracismo,
pido disculpas a la concurrencia,
vuelvo a buscar las plumas de mi traje,
déjenme regresar a mi alegría,
a la salvaje sombra, a los caballos,
al negro olor de invierno de los bosques,
grité, gritamos, y a pesar de todo
no se abrieron las puertas
y me quedé, quedamos
indecisos,
sin vivir ni morir aniquilados
por la perversidad y el poderío,
indignos ya, expulsados
de la pureza y de la agricultura.

the same dead, sorrowing clothes,
the same pale, neat nails,
and a heart as open as a sideboard
in which accumulated bundles,
loves, journeys, and sand.
That's to say, everything in its happening
goes and stays inexorably.

❂❂❂❂❂❂❂

I Feel Sad

Perhaps I protested, my different selves protested.
Maybe, I said, they said, I am afraid,
I'm going, we're going. I don't come from this place.
I wasn't born doomed to be ostracized.
I ask forgiveness of the audience.
I come back to find my own particular feathers.
Let me go back to my own happiness,
to the wild shadows, to horses,
to the black smell of winter in the forests,
I cried out, we cried, and in spite of everything
they didn't open the doors
and I stayed, we stayed,
swithering,
not living or dying destroyed
by perversity or power,
still unworthy, driven out
from wholeness and from cultivation.

Recuerdo el Este

La pagoda de oro sufrí
con los otros hombres de arcilla.
Allí estaba y no se veía
de tan dorada y vertical:
con tanta luz era invisible.

Por qué reinaba en la ciudad?

Flecha, campana, embudo de oro,
el pequeñito ser la puso
en medio de sus decisiones,
en el centro de impuras calles
donde lloraba y escupía.

Calles que absorben y fermentan,
calles como velas de seda
de un desordenado navío
y luego las heces nadando
bajo la lluvia calurosa,
las colas verdes del pescado,
la pestilencia de las frutas,
todo el sudor de la tierra,
las lámparas en el detritus.
Por eso yo me pregunté
qué necesita el hombre: el pan
o la victoria misteriosa?

Bajo dos cabellos de Dios,
sobre un diente inmenso de Buda
mi hermano pequeño y huraño
de ojos oblicuos y puñal,
el birmano de piel terrestre

I Remember the East

I suffered the gold pagoda
with other men of clay.
There it was, unseen,
so gilded and vertical,
with so much light it was invisible.

Why did it rule in that city?

Arrow, bell, golden funnel,
the little people placed it
at the center of action
amid stained streets
where people wept and spat.

Streets which seethe,
streets like silk candles
in an untidy ship,
and the rabble bathing
under the warm rain,
the green tails of fish,
the pestilence of fruit,
all the sweat of the earth,
lamps in the rubbish.
And so I ask myself,
what does man need? Bread
or a mysterious victory?

Under two tresses of the god,
on top of a tooth of the Buddha,
my little, shy brothers
with slanted, dagger eyes,
the Burmese with earth-colored skin

y corazón anaranjado,
él como los míos lejanos
(como el soldado de Tlaxcala
o el aymará de las mesetas),
establece un racimo de oro,
una Roma, una simetría,
un Partenón de piedra y miel,
y allí se prosterna el mendigo
esperando la voz de Dios
que está siempre en otra oficina.

Así fui yo por esas calles
del Asia, un joven sin sonrisa,
sin hallar comunicación
entre la pobre muchedumbre
y el oro de sus monumentos.
En el desorden de los pies,
de la sangre, de los bazares,
caía sobre mi cabeza
todo el crepúsculo maligno,
crepitantes sueños, fatiga,
melancolía colonial.
La pagoda como una espada
brillaba en la herida del cielo.

No caía sangre de arriba.

Sólo caía de la noche
oscuridad y soledad.

and hearts like oranges,
like my own far-off people
(soldiers of Tlaxcala,
the Aymaras of the mesetas),
set up a cluster of gold,
a Rome, a symmetry,
a Parthenon of stone and honey,
and there the beggar prostrates himself,
waiting for the voice of God
who is always in another office.

That's how I was in those streets
of Asia, a grave young man,
finding no connection
with the poor multitudes
and the gold of their monuments.
In the disorder of feet,
of blood, of the bazaars,
there fell on my head
all that malignant twilight,
turbulent dreams, fatigue,
colonial melancholy.
The pagoda, like a sword,
shone in the wound of the sky.

Blood didn't fall from above.

Only night fell,
darkness and solitude.

Amores: Josie Bliss (I)

Qué fue de la furiosa?
Fue la guerra
quemando
la ciudad dorada
la que la sumergió sin que jamás
ni la amenaza escrita,
ni la blasfemia eléctrica salieran
otra vez a buscarme, a perseguirme
como hace tantos días, allá lejos.
Como hace tantas horas
que una por una hicieron
el tiempo y el olvido
hasta por fin tal vez llamarse muerte,
muerte, mala palabra, tierra negra
en la que Josie Bliss
descansará iracunda.

Contaría agregando
a mis años ausentes
arruga tras arruga, que en su rostro
tal vez cayeron por dolores míos:
porque a través del mundo me esperaba.
Yo no llegué jamás, pero en las copas
vacías,
en el comedor muerto
tal vez se consumía mi silencio,
mis más lejanos pasos,
y ella tal vez hasta morir me vio
como detrás del agua,
como si yo nadara hecho de vidrio,
de torpes movimientos,

Loves: Josie Bliss (I)

What became of the furious one?
It was war
burning
the gilded city
that drowned her, so that neither
her written threats
nor her electric blasphemies could get out
to find me again, to persecute me
as they did so many days, in that faraway place,
so many hours
that time and oblivion
took care of, one by one,
until, at last, she can be named as death,
death, bad word, black earth
in which Josie Bliss
will rest in her rage.

She would add up
my absent years
wrinkle by wrinkle, as they probably gathered
on her face from the grief I gave her;
because she was waiting for me on the other side of the world.
I never came, but in the empty
cups,
in the dead dining room,
maybe my silence wasted away,
my faraway footsteps,
and maybe until death she saw me
as if through water,
as if I were swimming in glass,
slow of movement,

y no pudiera asirme
y me perdiera
cada día, en la pálida laguna
donde quedó prendida su mirada.
Hasta que ya cerró los ojos
cuándo?
hasta que tiempo y muerte la cubrieron
cuándo?
hasta que odio y amor se la llevaron
dónde?
hasta que ya la que me amó con furia,
con sangre, con venganza,
con jazmines,
no pudo continuar hablando sola,
mirando la laguna de mi ausencia.

Ahora tal vez
reposa y no reposa
en el gran cementerio de Rangoon.
O tal vez a la orilla
del Irrawadhy quemaron su cuerpo
toda una tarde, mientras
el río murmuraba
lo que llorando yo le hubiera dicho.

❖❖❖❖❖❖❖❖❖❖

Amores: Josie Bliss (II)

Sí, para aquellos días
vana es la rosa: nada
creció
sino una lengua roja:
el fuego que bajaba

and she couldn't take hold of me
and would lose me
every day, in the pale lagoon
on which her gaze was fixed.
Until she finally closed her eyes—
when was that?
Until time and death covered her over—
when was that?
Until hate and love bore her away—
where?
Until she who loved me in rage,
in blood, in revenge,
in jasmines,
couldn't go on talking to herself,
gazing at the lagoon of my absence.

Now, maybe,
she rests restlessly
in the great cemetery in Rangoon,
or maybe on the banks
of the Irrawaddy they burned her body
all afternoon, while
the river murmured
things that I might have said to her in tears.

❀❀❀❀❀❀❀❀

Loves: Josie Bliss (II)

Yes, for those days
a rose is vain indeed. Nothing
grew
but a red tongue,
fire which fell

del verano insepulto,
el sol de siempre.

Yo me fugué de la deshabitada.

Huí como inasible marinero,
ascendí por el Golfo de Bengala
hasta las casas sucias de la orilla
y me perdí
de corazón y sombra.

Pero no bastó el mar inapelable:

Josie Bliss me alcanzó revolviendo
mi amor y su martirio.

Lanzas de ayer, espadas del pasado!

—Soy culpable, le dije
a la luciérnaga.

Y me envolvió la noche.

Quise decir que yo también
sufrí:
no es bastante:
el que hiere es herido hasta morir.

Y ésta es la historia, se escribió en la arena,
en el advenimiento de la sombra.

No es verdad! No es verdad!

También era la hora
de los dioses,
de mazapán, de luna,
de hierro, de rocío,
dioses sangrientos cuya derramada

from the buried summer,
the same old sun.

I fled from the abandoned one.

I fled like a slippery sailor,
I went up by the Gulf of Bengal
to the dirty houses by the shore
and my heart sank
in shadow.

But the implacable sea was not enough.

Josie Bliss caught up with me, upsetting
my love and her martyrdom.

Spears of yesterday, swords of the past!

I'm guilty, I said
to the firefly.

And night enveloped me.

I wanted to say that I too
suffered.
It's not enough.
The one who wounds is wounded till he dies.

That's history now, it was written in sand,
in the spreading of the shade.

It's not true! It's not true!

It was also the time
of the gods,
marzipan, moon,
iron and dew,
savage gods whose public

demencia
llenaba como el humo
las cúpulas del reino,
sí,
existía el aire
espeso, el fulgor
de los desnudos,
ay,
el olor de nardo que cerraba
mi razón con el peso del aroma
como si me encerraran en un pozo
de donde no salí para gritar,
sino para ahogarme.

Ay de mí, aquellos muros
que royeron
la humedad y el calor hasta dejarlos
como la piel partida del lagarto,
sí,
sí,
todo esto y más: la muchedumbre
abierta
por la violencia de un turbante, por
aquellos paroxismos de turquesa
de las mujeres que se desgranaban
ardiendo entre sotanas de azafrán.

Otras veces la lluvia
cayó sobre la tímida comarca:
cayó tan lenta como las medusas
sobre niños, mercados y pagodas:
era otra lluvia,
el cielo fijo
clavado como un grave vidrio opaco
a una ventana muerta
y esperábamos,
los pobres y los ricos,
los dioses,

madness
filled as with smoke
the cupolas of the kingdom,
yes,
there was air,
thick air, the dazzle
of nakedness,
oh,
the scent of nard which muffled
my mind with the weight of its aroma
as if I had been shut up in a well
from which I didn't come out to call,
only to drown.

Oh, those walls
worn away
by damp and heat, which left them
like the rough skin of the lizard,
yes,
yes,
all that and more: the rabble
parted
by the violence of a turban, by
those enraged turquoise women
who scattered, on fire,
among the saffron robes.

At other times rain
fell on the gentle kingdom,
slow rain, like jellyfish,
on children, markets, and pagodas.
It was different rain—
a still sky
like a pane of opaque glass
nailed in a dead window—
and we waited,
rich and poor,
gods,

los sacerdotes y los usureros,
los cazadores de iguanas,
los tigres que bajaban
de Assam,
hambrientos y pletóricos
de sangre:
todos
esperábamos:
sudaba el cielo del Este,
se cerraba la tierra:
no pasaba nada,
tal vez adentro
de aquellos dioses
germinaba y nacía
una vez más
el tiempo:
se ordenaba el destino:
parían los planetas.
Pero el silencio sólo recogía
plumas mojadas,
lento sudor celeste,
y de tanto esperar lloraba el mundo
hasta que un trueno
despertaba la lluvia,
la verdadera lluvia,
y entonces se desnudaba el agua
y era
sobre la tierra
el baile del cristal, los pies del cielo,
las ceremonias del viento.

Llovía como llueve Dios,
como cae el océano,
como el tambor de la batalla,
llovía el monzón verde
con ojos y con manos,
con abismos,
con nuevas cataratas

priests and money-changers,
iguana-hunters,
tigers which came down
from Assam,
hungry and full
of blood,
we all
waited.
The Eastern sky sweated,
the earth closed up,
nothing happened.
Perhaps inside
those gods,
time
once again
was germinating and being born,
destiny being planned,
planets coming to light,
but the silence only collected
damp feathers,
a slow blue sweat,
and from waiting so long the world was weeping
until a thunderclap
woke up the rain,
the real rain,
and then the water shed its clothes
and became
over the earth
a dance of glass, feet of the sky,
a ceremony of wind.

It rained as gods rain,
as the ocean falls,
like a war drum.
The green monsoon rained
with eyes and hands,
with troughs,
with newborn waterfalls

que se abrían
sobre los cocoteros y las cúpulas,
en tu cara, en tu piel, en tus recuerdos,
llovía como si saliera la lluvia
por vez primera de su jaula
y golpeaba las puertas
del mundo: Ábranme! Ábranme!
y se abría
no sólo el mundo, sino
el espacio,
el misterio,
la verdad,
todo se resolvía
en harina celeste
y la fecundación se derramaba
contra la soledad de la espesura.

Así era el mundo y ella siguió sola.

Ayer! Ayer!

Tus ojos aguerridos,
tus pies desnudos
dibujando un rayo,
tu rencor de puñal, tu beso duro,
como los frutos del desfiladero,
ayer, ayer
viviendo
en el ruido del fuego,
furiosa mía,
paloma de la hoguera,
hoy aún sin mi ausencia, sin sepulcro,
tal vez, abandonada de la muerte,
abandonada de mi amor, allí
donde el viento monzón y sus tambores
redoblan sordamente y ya no pueden
buscarme tus caderas extinguidas.

which opened above
coconut palms and cupolas,
in your face, in your skin, in memory;
it rained as if the rain
were leaving its cage for the first time
and it knocked at the doors
of the world: Open! Open!
and not only the world
opened
but space,
mystery,
truth.
Everything turned into
blue flour
and fruitfulness spread
through the thick solitude.

That's how the world was and she stayed alone.

Yesterday! Yesterday!

Your embattled eyes,
your bare feet
tracing a sunray,
your dagger anger, your hard kiss,
like fruits of the ravine,
yesterday, yesterday,
living
in the crackle of fire,
my furious one,
dove of the bonfire,
today, without even my absence, without a grave
perhaps, abandoned by death,
abandoned by my love, there, there
where the monsoon wind and its drums
are muffled, and your extinguished thighs
cannot now come to look for me.

El mar

Necesito del mar porque me enseña:
no sé si aprendo música o conciencia:
no sé si es ola sola o ser profundo
o sólo ronca voz o deslumbrante
suposición de peces y navíos.
El hecho es que hasta cuando estoy dormido
de algún modo magnético circulo
en la universidad del oleaje.

No son sólo las conchas trituradas
como si algún planeta tembloroso
participara paulatina muerte,
no, del fragmento reconstruyo el día,
de una racha de sal la estalactita
y de una cucharada el dios inmenso.

Lo que antes me enseñó lo guardo! Es aire,
incesante viento, agua y arena.

Parece poco para el hombre joven
que aquí llegó a vivir con sus incendios,
y sin embargo el pulso que subía
y bajaba a su abismo,
el frío del azul que crepitaba,
el desmoronamiento de la estrella,
el tierno desplegarse de la ola
despilfarrando nieve con la espuma,
el poder quieto, allí, determinado
como un trono de piedra en lo profundo,
substituyó el recinto en que crecían
tristeza terca, amontonando olvido,

The Sea

I need the sea because it teaches me.
I don't know if I learn music or awareness,
if it's a single wave or its vast existence,
or only its harsh voice or its shining one,
a suggestion of fishes and ships.
The fact is that until I fall asleep,
in some magnetic way I move in
the university of the waves.

It's not simply the shells crunched
as if some shivering planet
were giving signs of its gradual death;
no, I reconstruct the day out of a fragment,
the stalactite from a sliver of salt,
and the great god out of a spoonful.

What it taught me before, I keep. It's air,
ceaseless wind, water and sand.

It seems a small thing for a young man,
to have come here to live with his own fire;
nevertheless, the pulse which rose
and fell in its abyss,
the crackling of the blue cold,
the gradual wearing away of the star,
the soft unfolding of the wave
squandering snow with its foam,
the quiet power out there, sure
as a stone shrine in the depths,
replaced my world in which were growing
stubborn sorrow, gathering oblivion,

y cambió bruscamente mi existencia:
di mi adhesión al puro movimiento.

Insomnio

En medio de la noche me pregunto,
qué pasará con Chile?
Qué será de mi pobre patria oscura?

De tanto amar esta nave delgada,
estas piedras, estos terrones,
la persistente rosa
del litoral que vive con la espuma,
llegué a ser uno solo con mi tierra,
conocí a cada uno de sus hijos
y en mí las estaciones caminaban
sucesivas, llorando o floreciendo.

Siento que ahora, apenas
cruzado el año muerto de las dudas,
cuando el error que nos desangró a todos
se fue y empezamos a sumar de nuevo
lo mejor, lo más justo de la vida,
aparece de nuevo la amenaza
y en el muro el rencor enarbolado.

and my life changed suddenly.
I took the side of pure movement.

━━━❁❁❁❁❁❁❁━━━

Insomnia

In the middle of the night I ask myself,
what will happen to Chile?
What will become of my poor, poor, dark country?

From loving this long, thin ship so much,
these stones, these little farms,
the durable rose of the coast
that lives among the foam,
I became one with my country.
I met every one of its sons
and in me the seasons succeeded one another,
weeping or flowering.

I feel that now,
with the dead year of doubt scarcely over,
now that the mistakes which bled us all
are over and we begin to plan again
a better and a juster life,
the menace once again appears
and on the walls a rising rancor.

Adiós a la nieve

Chiaretta estaba allí,
C. con barba blanca y traje blanco
yacía en su recuerdo:
ella había llorado
malas noticias:
su hermano, en Laos, lejos
muerto, y por qué tan lejos?
Qué se le había perdido en la selva?
Pero la Isla,
piedra y perfume arriba,
como torre calcárea
se elevaba
con la certeza azul
del cielo firme
y fuerte:
un edificio inmóvil
siempre recién pintado,
con las mismas gaviotas
intrépidas, hambrientas:
la Isla
pululante
de abejas, viñas, hombres
y mujeres,
solitaria en la roca,
pura de su pequeña soledad:
aquí los locos ricos,
allí los cuerdos pobres:
hay sitio para todos:
hay demasiada luz para negarla:
sírvase un vaso de luz,
toda la miel de un día,
toda la noche con su fuego azul,

Goodbye to the Snow

Chiaretta was there
with his white beard and white jacket,
deep in his memories.
His wife had been weeping
over bad news:
her brother dead in Laos,
far away, and why so far away?
What had he lost in the jungle?
But Isla Negra
rose up
like a lime tower,
stone and sweet smells,
with the emphatic blue
of a strong
and stable sky,
a still place,
always new-painted,
with the same gulls,
bold, starving.
The Isla
buzzing
with bees, vines, men
and women,
solitary on its rock,
clear in its little solitude,
on one side the crazy rich people,
on the other the careful poor.
Room for all.
There's too much light to deny it.
Help yourself to a glass of light,
all the honey of one day,
the whole night with its blue fire,

quedémonos tranquilos,
no riñamos con Lucas
ni con Piero:
un pan de luz para el mundo,
dice la Isla
y allí está con la luz acumulada
inagotable como un gran cerezo
y hace diez años y subo escaleras:
es la misma,
clara de cal, colmada de verbena,
entre tiza y peñasco
las tiernas ramas tiernas,
el olor tembloroso
de las vegetaciones encrespadas:
desde arriba el silencio
del mar como un anillo,
como un anillo azul,
el mar azul,
la Isla:
las guerras ni los ricos la aplastaron:
los pobres no se fueron:
no emigraron ni el humo
ni el aroma:
zumbaban las avispas:
continuó en las botellas
el vino color de agua,
el fuego transparente
y zumbaban los élitros
de la naturaleza.

Yo volvía de lejos
para irme,
para irme de nuevo,
y supe así que así es morirse:
es irse y queda todo:
es morirse y la Isla
floreciendo,
es irse y todo intacto:

let's stay at peace,
let's not squabble with Lucas
nor with Piero.
A loaf of light for everyone,
says the Isla,
and there it is with its stored-up light,
as inexhaustible as a cherry tree,
and it's ten years now and I go upstairs.
It's the same,
lime-clear, a hive of verbena,
between chalk and crag
the soft, soft branches,
the wavering scent
of its ruffled vegetation.
From above, the silence
of the sea like a ring,
a blue ring,
the blue sea,
the Isla—
neither wars nor the rich destroyed it,
the poor didn't leave.
Neither the smoke nor the aroma
abandoned that place.
The wasps hummed,
the wine, color of water,
lasted in bottles,
transparent fire,
and the shards of nature
hummed on.

I would come back from far away
in order to leave,
to leave again,
and I knew that to be a kind of dying,
going away while everything stays.
It's dying, with the Isla
flowering,
going away, with everything intact—

217 · *Cruel Fire*

los jacintos,
la nave que circunda
como cisne abnegado
el pálido placer
de las arenas:
diez años que pudieron ser cien años,
cien años sin tocar ni oler ni ver,
ausencia, sombra, frío,
y todo allí florido,
rumoroso:
un edificio de agua
siempre,
un beso
siempre,
una naranja
siempre.

❖❖❖❖❖❖❖❖❖

Partenón

Subiendo por las piedras arrugadas
en el calor de junio:
el horizonte, olivo y aluminio,
las colinas
como cigarras secas:
dejemos atrás al rey,
a la reina falsa,
dejemos
la ola amenazante:
acorazados:
las boas de Illinois,
saurios de Iowa,
mastines de Louisiana,
dejemos

hyacinths,
the ship surrounding
the pale pleasure
of the sand
like a devoted swan.
Ten years which could have been a hundred years,
a hundred years without touching or smelling or seeing,
absence, shadow, cold,
and everything there in flower,
full of noises—
always
an edifice of water,
always
a kiss,
always
an orange,
always.

❂❂❂❂❂❂❂❂❂❂

Parthenon

Climbing up the wizened stones
in the heat of June:
the horizon, olive and aluminum,
the hills
like dry grasshoppers.
Let us leave behind the king
and the false queen,
let us leave
the threatening wave,
armored things,
the boas of Illinois,
the lizards of Iowa,
the mastiffs of Louisiana,
let us leave

el gusto gris,
el sabor de hierro sangriento,
la terca torre
amarga.
Al esplendor subamos,
al edificio,
al rectángulo puro
que aún sobrevive
sostenido, sin duda,
por abejas.
Rector del mundo,
canon
de la luz,
azul abuelo
de la geometría,
ahora tus columnas
estriadas por las uñas
de los dioses perdidos,
no sostienen el techo pasajero
sino todo el azul,
azul indiferente:
así se llama
la eternidad:
azul es su apellido,
azul con vuelos grises,
nubes cortas,
azul deshabitado.

Y estas claras columnas.
La inteligencia estableció la norma,
edificó el sistema,
suspendió la medida en el espacio,
creó la luz, el triángulo.
Y los echó a volar como palomas.

Del desorden eterno,
de los grupos hostiles
de la naturaleza:

the gray flavor
of bleeding iron,
the hard and bitter
castle.
Let us climb up to the glory,
the building,
the pure rectangle
which still survives,
kept up, without doubt,
by bees.
Dean of the world,
canon
of light,
the blue grandfather
of geometry,
now your columns,
grooved by the nails
of forgotten gods,
do not hold up the passing roof;
blue does,
the great indifferent blue.
That is the name
of eternity:
blue,
blue with gray wings,
little clouds,
uninhabited blue.

And these clear columns.
Intelligence laid down the rules,
set up the system,
suspended its measurements in space,
created light and the triangle
and made them fly like doves.

Out of universal disorder,
hostile forces
in nature,

oscuridad, raíces, matorrales,
cuevas y montes terribles,
estalactitas crueles,
cortó la proporción como un zafiro.
Y el hombre entonces pudo
contar y percibir y prolongarse:
comenzó a *ser* el hombre!
subió al panal la abeja
y los ojos bajaron al problema:
el pensamiento tuvo continente
donde andar y medir, los pies tuvieron,
guiados por la línea,
la rectitud de que estaban sedientos:
el infinito para conocerlo.

El mar allí extendía su secreto.
El Partenón fue la primera nave,
la nave de la luz de proa pura
y navegó el rectángulo marino
esparciendo la fábula y la miel.
Aceptó su blancura el universo.

Cuando lo abandonaron, otra vez
creció el terror, la sombra:
volvió el hombre a vivir en la crueldad.

Allí quedó vacía,
deshabitada y pura,
la nave delicada,
olvidada y radiante,
distante en su estructura,
fría como si muerta.

Pero no era verdad, estaba viva
la casa, nave, y proa,
la dirección central de la materia.
No eran tiernas las líneas
ni la severidad de su hermosura

gloom, roots, undergrowth,
caves and terrible mountains,
cruel stalactites,
it carved proportion like a sapphire.
And man was then able
to count, to perceive, to extend himself,
to begin to *be* man!
Bees rose to the honeycomb
and eyes fell to the problem.
Thought had its own continent
where, pacing and measuring,
guided by the line,
feet had the straightness they were thirsty for.
Infinity was there to know.

The sea there was an extended secret.
The Parthenon was the first ship,
ship of light with a pristine prow,
navigating the marine rectangle,
scattering fables and honey.
The universe assumed its whiteness.

When they abandoned it, again
terror spread, and darkness.
Man went back to a life of cruelty.

It stayed there empty,
pure and uninhabited,
the delicate ship,
shining and forgotten,
remote in its structure,
cold as if dead.

But that wasn't true. It was alive,
house, ship, prow,
the center and heart of matter.
There was nothing soft
about the lines or severity of its beauty

porque permanecía.
En la lluvia, en la guerra,
la ira o el olvido,
su terrible deber era durar.
Y el tiempo no respeta
la sonrisa:
su deber era estar, permanecer:
era lección la piedra,
era razón la luz edificada.

Y volvería el hombre,
el hombre sin su pasajero dios,
volvería:
el orden es la eternidad del alma
y el alma volvería
a vivir en el cuerpo que creó.
Estoy seguro
de la piedra inmóvil,
pero conozco el viento.
El orden es sólo una criatura.
Crece y vuelve a vivir el edificio.
Una vez y otra vez se apaga el fuego,
pero vuelve el amor a su morada.

ᏸᎥᎧᎥᎧᎥᎧᎥᎧᎥᎧᎥᎧ

Mareas

Crecí empapado en aguas naturales
como el molusco en fósforo marino:
en mí repercutía la sala rota
y mi propio esqueleto construía.
Cómo explicar, casi sin movimiento
de la respiración azul y amarga,
una a una las olas repitieron

because it endured.
In rain, in war,
anger or oblivion,
its obligation was to endure.
And time does not respect
the smile.
Its obligation was to be, to last.
It was a lesson, the stone,
it was reason, the erected light.

And man would come back,
man, without his temporary gods,
would come back.
Order is the soul's eternity
and the soul would come back
to live in the body it created.
I am sure of
the motionless stone,
but I know the wind.
Order is just a creature.
It grows and the building comes back to life.
At one time or another, the fire goes out,
but love returns to its dwelling place.

❖❖❖❖❖❖❖❖❖

Tides

I grew up drenched in natural waters
like the mollusk in the phosphorous sea.
In me the crusty salt resounded
and formed my singular skeleton.
How to explain—almost without
the blue and bitter rhythm of breathing,
one by one the waves repeated

lo que yo presentía y palpitaba
hasta que sal y zumo me formaron:
el desdén y el deseo de una ola,
el ritmo verde que en lo más oculto
levantó un edificio transparente,
aquel secreto se mantuvo y luego
sentí que yo latía como aquello:
que mi canto crecía con el agua.

☼)☼)☼)☼)☼)☼)☼)☼

La luz de Sotchi

En Sotchi tanta luz se desbordó
que fuera de la copa estalla y cae:
el mar no puede contener sus rayos
y una paz de reloj cuelga del cielo
hasta que como un élitro marino
desarrolla la ola su ejercicio
en plena castidad de piedra y agua,
mientras continuo sol, continua sal
se tocan como dos dioses desnudos.

☼)☼)☼)☼)☼)☼)☼)☼

Escrito en Sotchi

Viento del mar en mi cabeza, sobre
mis ojos como manos frías
ay y viene del aire removido,
otro viento, otro mar, del cielo
inmóvil, otro cielo azul,

what I sensed and trembled with
until salt and spray formed me:
the wave's rejection and desire,
the green rhythm which at its most secret
raised up a transparent tower.
It kept that secret and all at once
I felt that I was beating with it,
that my song was growing with the water.

☀☀☀☀☀☀☀☀☀

Light of Sochi

In Sochi, so much light has overflowed the cup
that it spills over and falls.
The sea cannot contain its rays
and a clocklike peace hangs from the sky
until, like a sea carapace,
the waves let loose their armies
in all the purity of stone and water,
while the endless sun and the endless salt
touch one another like two naked gods.

☀☀☀☀☀☀☀☀☀

Written in Sochi

Salt wind in my head, over my eyes
like cold hands;
and oh, from the disturbed air comes
another wind, another sea, a still
sky, a different blue sky,

y otro yo, desde lejos, recibiendo
de mi lejana edad, del mar distante,
una palpitación huracanada:
en una susurrante ola de Chile
un golpe de agua verde y viento azul.

No es el agua ni el viento,
ni la salobre arena combatida,
ni el pleno sol del aire iluminado
lo que yo verdaderamente veo,
sino las algas negras, la amenaza
de aquellas torres grandes del océano,
la ola que corre y sube sin medida,
el magno, arrollador trueno marino,
y por el solitario litoral
hacia Toltén camino, caminaba.

Yo fui el joven monarca
de aquellas soledades,
monarca oscuro cuyo reino fue
arena, bosque, mar y viento duro:
no tuve sueños, iba
con el espacio, a puro
beso de sal, abierto,
a golpes de aire líquido y amargo,
a seguir y seguir el infinito.

Qué más quise? Qué más pudieron darme
cuando era todo aquello que no era,
cuando todos los seres eran aire,
el mundo un vendaval enarenado,
una huella golpeada
por el vaivén del cielo poderoso
y los feroces dientes del océano?
Qué más si los minutos dilataban
su tela, y eran días,
y los días semanas, y los años
transcurren hasta ahora,

and another me, recalling
from my faraway years, from a faraway sea,
the heartbeat of hurricanes
in a whispering Chilean wave,
a crash of green water and blue wind.

What I truly see
is neither water nor wind,
nor the salty, embattled sand,
nor the high sun in the brilliant air,
but black seaweed, the menace
of those great towers in the sea,
the wave which flows and builds immeasurably,
huge, the violent thunder of the sea,
and along the lonely sea edge,
I walk toward Toltén, or rather, I walked.

I was the young king
of those great solitudes,
an unknown king whose country was
sand, woods, sea, and the hard wind.
I had no dreams, I gave myself
to space, to the pure
kiss of the salt, wide open
to buffets of the damp and bitter air,
to my endless pursuit of the infinite.

What more did I want? What more could they give me,
when all that was something without substance,
all its beings made of air,
the world a sandy wind,
a footprint buffeted
by the caprice of the overpowering sky
and the fierce teeth of the sea?
What more, if the minutes spread
their fabric to become days,
and the days weeks, and the years
keep flowing until this moment,

de tal modo que lejos y después
aquel amargo mar besa mi boca?

De mar a mar la vida
fue llenando
la soledad y convirtió en granero
mi conciencia vacía,
hasta que todo germinó conmigo
y el espacio entre mares,
mi edad entre las dos olas lejanas
se pobló, como un reino,
de cascabeles y padecimientos,
se llenó de banderas,
tuvo cosechas, ruinas,
heridas y batallas.

Ahora supongo el viento en mis pestañas
como si acumulara los reproches
y quisiera lavar con fuerza y frío
la patria que yo cargo,
como si el duro viento me clavara
sus lanzas transparentes
y no dejara en mí sino su peso
de rombo cristalino
y así obligara mi razón a ser
una palpitación de la pureza.
Pero de un mar a otro está la vida.

El viento limpio corre
hasta perder la sal de sus agujas
y caerá como un héroe desnudo,
muerto en una barranca, entre las hojas.

Se lo lleva la hora,
el viento corre detrás de sus pies,
de nuevo el sol, la luna se establecen,
las águilas regresan de la altura,
y es tan inmóvil la naturaleza

in such a way that, distant in time and space,
that harsh sea kisses my mouth?

From sea to sea, life
went on filling up
my solitude, turning my empty awareness
into a granary,
till everything sprouted in me,
and the space between two seas,
my age between two far-off waves,
filled up like a kingdom
with little bells and sufferings,
filled up with flags.
I had my harvests, my ruins,
my wounds and my battles.

Now I imagine the wind in my eyelashes
as if its reproach were building up
and wanted to cleanse with force and cold
the country I carry in me,
as if the hard wind were piercing me
with its transparent lances
and would leave me only the burden
of its clear diamond
and so oblige my mind to be
throbbing and pure.
But life means moving from one sea to another.

The clean wind blows
till it loses the salt of its needles
and will fall like a naked hero
dead in a ravine, among the leaves.

The hour takes it away,
the wind blows behind its feet,
once more the sun and moon take up their stations,
the eagles return from the high places,
and the natural world is so still

que sólo en mí transcurre
el tiempo transparente entre ola y ola.

Exilio

Entre castillos de piedra cansada,
calles de Praga bella,
sonrisas y abedules siberianos,
Capri, fuego en el mar, aroma
de romero amargo
y el último, el amor,
el esencial amor se unió a mi vida
en la paz generosa,
mientras tanto,
entre una mano y otra mano amiga
se iba cavando un agujero oscuro
en la piedra de mi alma
y allí mi patria ardía
llamándome, esperándome, incitándome
a ser, a preservar, a padecer.

El destierro es redondo:
un círculo, un anillo:
le dan vuelta tus pies, cruzas la tierra,
no es tu tierra,
te despierta la luz, y no es tu luz,
la noche llega: faltan tus estrellas,
hallas hermanos: pero no es tu sangre.
Eres como un fantasma avergonzado
de no amar más a los que tanto te aman,
y aún es tan extraño que te falten
las hostiles espinas de tu patria,
el ronco desamparo de tu pueblo,

that only in me elapses
the transparency of time between wave and wave.

Exile

Among castles of tired stone,
streets of beautiful Prague,
smiles and Siberian birches,
Capri, fire in the sea, scent
of harsh rosemary,
and lastly, love,
essential love brought all my life together
in a generous peace,
meanwhile
with one hand and its friend, the other,
a dark hole was being dug out
in the stone of my spirit
and in it my country was burning,
calling me, waiting for me, spurring me on
to be, to preserve, to endure.

Exile is round in shape,
a circle, a ring.
Your feet go in circles, you cross land
and it's not your land.
Light wakes you up and it's not your light.
Night comes down, but your stars are missing.
You discover brothers, but they're not of your blood.
You're like an embarrassed ghost,
not loving more those who love you so much,
and it's still so strange to you that you miss
the hostile prickles of your own country,
the loud helplessness of your own people,

los asuntos amargos que te esperan
y que te ladrarán desde la puerta.

Pero con corazón irremediable
recordé cada signo innecesario
como si sólo deliciosa miel
se anidara en el árbol de mi tierra
y esperé en cada pájaro
el más remoto trino,
el que me despertó desde la infancia
bajo la luz mojada.
Me pareció mejor la tierra pobre
de mi país, el cráter, las arenas,
el rostro mineral de los desiertos
que la copa de luz que me brindaron.
Me sentí solo en el jardín, perdido:
fui un rústico enemigo de la estatua,
de lo que muchos siglos decidieron
entre abejas de plata y simetría.

Destierros! La distancia
se hace espesa,
respiramos el aire por la herida:
vivir es un precepto obligatorio.
Así es de injusta el alma sin raíces:
rechaza la belleza que le ofrecen:
busca su desdichado territorio:
y sólo allí el martirio o el sosiego.

the bitter matters waiting for you
that will be snarling at you from the door.

But inevitably in my heart
I remembered every useless sign
as if only the sweetest honey
gathered in the tree of my own country
and I expected from every bird
the most faraway song
such as woke me from childhood on
in the damp light of dawn.
It seemed better to me, the poor earth
of my country—crater, sand,
the mineral face of the deserts—
than the glass filled with light they toasted me with.
I felt lost and alone in the garden.
I was a rustic enemy of the statues,
of what many centuries had arrived at
among silver bees and symmetry.

Exiles! Distance
grows thicker.
We breathe air through a wound.
To live is a necessary obligation.
So, a spirit without roots is an injustice.
It rejects the beauty that is offered it.
It searches for its own unfortunate country,
and only there knows martyrdom or quiet.

El cazador de raíces

The Hunter after Roots

IN MEMORY OF MY FRIEND

ALBERTO,

SCULPTOR FROM TOLEDO,

IN THE SPANISH REPUBLIC

El cazador en el bosque

Al bosque mío entro con raíces,
con mi fecundidad: De dónde
vienes?, me pregunta
una hoja verde y ancha como un mapa.
Yo no respondo. Allí
es húmedo el terreno
y mis botas se clavan, buscan algo,
golpean para que abran,
pero la tierra calla.

Callará hasta que yo comience a ser
substancia muerta y viva, enredadera,
feroz tronco del árbol erizado
o copa temblorosa.

Calla la tierra para que no sepan
sus nombres diferentes, ni su extendido idioma,
calla porque trabaja
recibiendo y naciendo:
cuanto muere recoge
como una anciana hambrienta:
todo se pudre en ella,
hasta la sombra,
el rayo,
los duros esqueletos,
el agua, la ceniza,
todo se une al rocío,
a la negra llovizna
de la selva.

The Hunter in the Forest

Into this forest of mine I go with my roots,
with my fruitfulness. "Where
do you come from?" asks
a green leaf broad as a map.
I don't reply. There
the earth is damp,
and my boots stick, seek,
knock for it to open,
but the earth is mute.

It will be mute until I begin to be
dead and living matter, climbing plant,
brute trunk of a spiny tree
or quivering cup.

The earth is mute so as not to reveal
its different names or its vast language.
It is mute because it works away,
taking in, giving birth.
Whatever dies, it gathers in
like an ancient, hungry creature.
Everything rots away in it—
even the shadow,
the lightning flash,
bony skeletons,
water, ash;
everything comes together in the dew,
in the black drip
of the jungle.

El mismo sol se pudre
y el oro interrumpido
que le arroja
cae en el saco de la selva y pronto
se fundió en la amalgama, se hizo harina,
y su contribución resplandeciente
se oxidó como un arma abandonada.

Vengo a buscar raíces,
las que hallaron
el alimento mineral del bosque,
la substancia
tenaz, el cinc sombrío,
el cobre venenoso.

Esa raíz debe nutrir mi sangre.

Otra encrespada, abajo,
es parte poderosa
del silencio,
se impone como paso de reptil:
avanza devorando,
toca el agua, la bebe,
y sube por el árbol
la orden secreta:
sombrío es el trabajo
para que las estrellas sean verdes.

The sun itself rots
and the broken gold
it sheds
falls into the sack of the jungle and soon
has fused to an amalgam, has turned to flour,
and its shining addition
has rusted away like abandoned armor.

I come to look for my roots,
the ones that discovered
the mineral food of the forest,
that fierce substance,
gloomy zinc,
poisonous copper.

That root has to nourish my blood.

Curling underneath
is the other weighty part
of the silence,
deep, like the print of a reptile.
It creeps on, devouring.
It comes to water and drinks it,
and up through the tree
goes the secret command.
Dark is the work
that makes the stars green.

Lejos, muy lejos

Me gusta cantar en el campo.

Ancha es la tierra, los follajes
palpitan, la vida
cambia sus multiplicaciones:
de abeja a polen, a ramaje,
a colmena, a rumor, a fruta,
y todo es allí tan secreto
que al respirar entre las hojas
parece que crece contigo
la economía del silencio.

Era tan lejos de mi tierra
aquel campo, la misma noche
caminaba con otros pasos,
con sangrientos pasos de fósforo.

De dónde venía el río
Irrawadhy con sus raíces?

De tan lejos, entre los tigres.

Allá en la sombra carcomida
las plumas eran un incendio
en el resplandor de las alas
y volaba el verde insepulto
entre las ráfagas del fuego.

Ay yo vi el redondo relámpago
del leopardo en el camino
y aún estoy viendo los anillos
de humo olvidado en la piel de oro,

Far, So Far

I like to sing in the countryside.

Broad is the earth, the foliage
throbs, life itself
changes its many-sidedness—
bee to pollen, to branch,
to hive, to buzzing, to fruit—
and everything there is so secret
that, as you breathe among the leaves,
it seems that with you grows
the economy of silence.

It was so far from my own country,
the landscape there, the night itself
walked with different footsteps,
bloodstained and phosphorescent.

Where did the river Irrawaddy
come from with its roots?

From so far, where the tigers are.

There in the worm-eaten shade,
feathers were a fire
in the flash of wings
and green flew unburied
between the spurts of fire.

I saw the rotund lightning
of the leopard on the path
and I can still see the needles
of lost smoke on its golden skin,

el brusco salto y el asalto
de aquella cólera estrellada.

Elefantes que acompañaron
mi camino en las soledades,
trompas grises de la pureza,
pantalones pobres del tiempo,
oh bestias de la neblina
acorraladas en la cárcel
de las taciturnas tinieblas
mientras algo se acerca y huye,
tambor, pavor, fusil o fuego.

Hasta que rueda entre las hojas
el elefante asesinado
en su atónita monarquía.

De aquellos recuerdos recuerdo
la espaciosa selva en la noche,
el gran corazón crepitante.

Era como vivir adentro
del útero de la tierra:
un silbido veloz, un golpe
de algo sombrío que cayó:
el albedrío del follaje
esperando su desarrollo
y los insectos torrenciales,
las larvas que crujen y crecen,
las agonías devoradas,
la nocturna cohabitación
de las vidas y de las muertes.

Ay me guardo lo que viví
y es tal el peso del aroma
que aún prevalece en mis sentidos
el pulso de la soledad,
los latidos de la espesura.

the sudden tack and attack
of that starred anger.

Elephants which followed
my way in the waste places,
gray, pristine trunks,
trousers worn by time;
oh, fog-colored beasts
rounded up in the prison
of the silent dark
while things approach and flee,
drums, fear, rifle, or fire.

Till they drag through the leaves
the murdered elephant
in its baffled kingliness.

From these memories I recall
the vast jungle at night,
its great, crackling heart.

It was like living inside
the womb of the earth—
a sharp whistle, the thud
of something dark falling,
the caprice of the leaves
awaiting their own unwinding,
and the teeming insects,
larvae breaking and growing,
the strugglings swallowed up,
the nightly cohabitation
of lives and deaths.

Oh, I save for myself what I lived,
and such is the weight of that aroma
that I still keep feeling
the pulse of solitude,
the beat of that thick growth!

245 · *The Hunter after Roots*

La hermana cordillera

El fraile dijo sólo "hermana agua",
"hermano fuego",
también "hermano pájaro".
Allí no hay cordilleras.
Pero debió decirlo porque ella
es agua, fuego y pájaro.
Bien le hubiera quedado
"hermana cordillera".

Gracias, hermana grande
porque existes.
Por esta brizna que como una espada
entró en tu corazón de piedra
y continuó su filo.
Todas tus hierbas muerden,
tienen hambre,
tu viento llora de furia,
tiene hambre,
tus grandes rocas calladas
guardan el fuego muerto
que no pudo saciarse.
Allá, allá arriba,
no es cielo verde,
no,
es el volcán que espera,
todo lo destruyó y lo hizo de nuevo,
cayó con todos sus dientes rojos,
tronó con todas sus gargantas negras,
y luego
saltó el semen ardiente,
las quebradas,
la tierra,

Brother Cordillera

The priest said only "Brother Water,"
"Brother Fire,"
and "Brother Bird."
There were no cordilleras there.
But he should have said that, because the cordillera
is water, fire, and bird.
It would have been good.
"Brother Cordillera."

My thanks, great brother,
for your existence;
for this splinter that pierced
your stone heart like a sword
and cut deep.
All your grasses bite—
they're hungry.
Your winds weep with rage—
they're hungry.
Your great, mute rocks
are guardians of dead fire
which could not be satisfied.
Up there
it's not green sky,
no,
it's the volcano, waiting.
It destroyed everything, and made it again,
it came down, all its red teeth showing,
it thundered through all its black throats,
and then
out poured the burning semen—
gorges
and ground

guardaron
el espeso tesoro,
el sulfúrico vino
de fuego, muerte y vida,
y se detuvo todo movimiento:
sólo el humo ascendía
del conflicto.

Luego tocamos cada piedra,
decimos:
—Ésta es anaranjada.
—Ésta es ferruginosa.
—Ésta es el arcoiris.
—Ésta es de puro imán.
—Ésta tiene verrugas.
—Ésta es una paloma.
—Ésta tiene ojos verdes.

Porque así son las piedras
y cayeron de arriba:
tenían sed y aquí descansan
esperando la nieve.
Así nació esta piedra
agujereada,
estos montes hirsutos
así nacieron,
estas salas de cobre
verticales,
estas heridas rojas
de las frentes andinas
y el agua que salió de sus prisiones
y cantando se rompe y continúa.
Más, ahora
blanco y verde
es el pasto
crecido en las alturas,
rígido como lanza vencedora,
las plateadas espinas.

received
the slow, thick treasure,
the sulfuric wine
of fire, of death and life,
and all movement petrified:
only smoke
rose from the turbulence.

After, we touch each stone,
we say:
    This one is orange.
    This one is flecked with iron.
    This one is rainbow.
    This is magnetic.
    This has wrinkles.
    This is a dove.
    This has green eyes.

For that's how stones are,
the stones that fell from above.
They were thirsty and they're resting here,
waiting for the snows.
This stone was riddled with holes
from birth.
These bearded mountains
were born that way,
these vertical walls
of copper,
these reddish wounds
on the forehead of the Andes,
and the water that burst from its prison
broke through into song and went its ways.
The turf
that has grown in the high places,
stiff as conquering lances,
silvered spines,
has more now
of white and green.

Ni árbol, ni sombra, todo
se presenta a la luz como la sal:
vive de un solo golpe su existencia.
Es la patria desnuda,
la acción del fuego,
de la piedra, del agua,
del viento
que limpió la creación,
y aquí por fin nos sentimos desnudos,
por fin llegamos sin morirnos
al sitio donde nace el aire,
por fin conocimos la tierra
y la tocamos en su origen.

Por todas estas cosas tan ásperas
y por la nieve, de materia suave,
gracias te doy, hermana cordillera.

<hr />

El río que nace de las cordilleras

No sabe el río que se llama río.
Aquí nació, las piedras lo combaten
y así en el ejercicio
del primer movimiento
aprende música y establece espumas.
No es sino un vago hilo
nacido de la nieve
entre las circunstancias
de roca verde y páramo:
es un pobre relámpago
perdido
que comienza a cortar
con su destello

No tree, no shadows, everything
is open to the light like salt,
coming into existence at a stroke.
It is my country stripped naked,
the action of fire,
of stone, of water,
of the wind
which tidied up the creation;
and here at last we feel naked,
we have arrived at last, without dying,
at the place where the air is born.
At last, we know the earth
and we touch it in its beginnings.

For all these so harsh things
and for the snow, gentle substance,
I give you my thanks, Brother Cordillera.

❂⫯❂⫯❂⫯❂⫯❂⫯❂

The River Born in the Cordilleras

The river doesn't know it's called a river.
It was born here, the rocks fight with it
and thus, in the act
of its first movement,
it learns its music and creates its froth.
It's nothing more than a thin thread
born from the snow
among the surroundings
of green rock and moor,
a poor, lost flash
of lightning
which begins to carve
with its spark

la piedra del planeta,
pero aquí
tan delgado
y oscuro
es
como si no pudiera
sobrevivir cayendo
buscando en la dureza su destino
y da vueltas la cima,
clava el costado mineral del monte
como aguijón y vuelan sus abejas
hacia la libertad de la pradera.

Las plantas de la piedra
enderezan contra él sus alfileres,
la tierra hostil lo tuerce,
le da forma de flecha o de herradura,
lo disminuye hasta hacerlo invisible,
pero resiste y sigue,
diminuto,
traspasando el umbral ferruginoso
de la noche volcánica,
taladrando, royendo,
surgiendo intacto y duro como espada,
convertido en estrella contra el cuarzo,
lento más tarde, abierto a la frescura,
río por fin, constante y abundante.

◯◐◯◐◯◐◯◐◯◐

El rey maldito

La vieja selva llora tanto
que ya está podrida la tierra.
Es la madre del tigre y de los escarabajos.

the stone of the planet,
but here
it appears
so thin
and dark,
as if it could not
survive its fall,
looking for its destiny in hardness,
and the summit goes round,
jabs the mineral flank of the mountain
like a spur, and its bees fly off
toward the freedom of the plain.

The plants in the stone
stiffen their spikes against it,
the hostile soil twists it,
gives it the shape of an arrow or a horseshoe,
narrows it almost to invisibility,
but it resists and goes on,
tiny,
crossing the rusty threshold
of the volcanic night,
drilling, wearing away,
emerging hard and whole as a sword,
turning into a star against the quartz,
eventually slower, open to freshness,
a river at last, steady and abundant.

○+○+○+○+○+○+○

The Wicked King

The old jungle weeps so much
that the earth is already rotted.
It is the mother of the tiger and the scarab.

Es también la madre del dios que duerme.
El dios que duerme
no duerme porque tiene sueño
sino porque sus pies son de piedra.
Lloraba con todas sus hojas,
con todos sus párpados negros.
Cuando bajó a beber el tigre
tenía sangre en el hocico
y el lomo lleno de lágrimas.
La iguana bajó por el llanto
como una nave resbalosa
y con las gotas que caían
multiplicó sus amatistas.
Un pájaro de vuelo escarlata, violeta, amarillo,
volcó el cargamento que el cielo
dejó en las ramas, suspendido.

Ay lo que ha comido la selva!

Sus propios árboles, los sueños
de las lianas y las raíces,
lo que quedó de la torcaza
después de que fue asesinada,
los vestidos de la serpiente,
el pico cruel de las tortugas,
las torres locas del follaje,
todo se lo come la selva.
Los minutos que con lentitud
se fueron convirtiendo en siglos,
en polvo de ramas inútiles,
los días abrasadores,
las noches negras, sin otra luz
que el fósforo de los leopardos,
todo
se lo comió
la selva.

La luz,

It is also the mother of the sleeping god.
The sleeping god
does not sleep out of tiredness
but because its feet are stone.
It weeps with all its leaves,
with all its black eyelids.
When the tiger comes down to drink,
there is blood on its jaws
and its back is covered with tears.
The iguana comes down to the weeping
like a slippery ship
and with the drops that fall
it multiplies its amethysts.
A bird in flight, scarlet, violet, yellow,
disturbed what the sky left
suspended in the branches.

Oh, what the jungle has eaten up!

Its own trees, the dreams
of roots and lianas,
what was left of the pigeon
after it had been killed,
the shed skins of serpents,
the wild towers of foliage,
the cruel beaks of turtles—
the jungle eats everything.
Minutes which were slowly
turned into centuries,
into the dust of useless branches,
burning days,
black nights, with no other light
than the phosphorous of leopards—
the jungle
ate them
all.

Light,

255 · *The Hunter after Roots*

la muerte,
el agua,
el sol,
el trueno,
las cosas que huyen,
los insectos
que arden y mueren, consumidos
en sus pequeñas vidas de oro,
el tórrido estío y su cesta
de innumerables frutos rojos,
el tiempo
con su cabellera,
todo es alimento que cae
en la antigua, en la verde boca
de la selva devoradora.

Allí llegó el rey con su lanza.

✿✦✿✦✿✦✿✦✿✦

Lo que nace conmigo

Canto a la hierba que nace conmigo
en este instante libre, a los fermentos
del queso, del vinagre, a la secreta
floración del primer semen, canto
al canto de la leche que ahora cae
de blancura en blancura a los pezones,
canto a los crecimientos del establo,
al fresco estiércol de las grandes vacas
de cuyo aroma vuelan muchedumbres
de alas azules, hablo
sin transición de lo que ahora sucede
al abejorro con su miel, al liquen

death,
water,
sun,
thunder,
things that flee,
insects
that burn and die, consumed
in their own little gold lives,
torrid summer and its basket
of countless red fruit,
time
with its tresses—
everything is food that falls
into the ancient, green mouth
of the devouring jungle.

The king arrived there with his spear.

What Is Born with Me

I sing to the grass that is born with me
in this free moment, to the fermentations
of cheese, of vinegar, to the secret
spurt of the first semen, I sing
to the song of milk which now comes
in rising whiteness to the nipples,
I sing to the fertility of the stable,
to the fresh dung of great cows
from whose aroma fly multitudes
of blue wings, I speak
without any shift of what is happening now
to the bumblebee with its honey, to the lichen

con sus germinaciones silenciosas:
como un tambor eterno
suenan las sucesiones, el transcurso
de ser a ser, y nazco, nazco, nazco
con lo que está naciendo, estoy unido
al crecimiento, al sordo alrededor
de cuanto me rodea, pululando,
propagándose en densas humedades,
en estambres, en tigres, en jaleas.

Yo pertenezco a la fecundidad
y creceré mientras crecen las vidas:
soy joven con la juventud del agua,
soy lento con la lentitud del tiempo,
soy puro con la pureza del aire,
oscuro con el vino de la noche
y sólo estaré inmóvil cuando sea
tan mineral que no vea ni escuche,
ni participe en lo que nace y crece.

Cuando escogí la selva
para aprender a ser,
hoja por hoja,
extendí mis lecciones
y aprendí a ser raíz, barro profundo,
tierra callada, noche cristalina,
y poco a poco más, toda la selva.

❁❁❁❁❁❁❁❁❁

El pescador

Con larga lanza el pescador desnudo
ataca al pez pegado al roquerío
el mar el aire el hombre están inmóviles

in its soundless germination.
Like an everlasting drum
sounds the flow of succession, the course
from being to being, and I'm born, I'm born, I'm born
with all that is being born, I'm one
with growing, with the spread silence
of everything that surrounds me, teeming,
propagating itself in the dense damp,
in threads, in tigers, in jelly.

I belong to fruitfulness
and I'll grow while lives grow.
I'm young with the youthfulness of water,
I'm slow with the slowness of time,
I'm pure with the purity of air,
dark with the wine of night,
and I'll only be still when I've become
so mineral that I neither see nor hear,
nor take part in what is born and grows.

When I picked out the jungle
to learn how to be,
leaf by leaf,
I went on with my lessons
and learned to be root, deep clay,
voiceless earth, transparent night,
and beyond that, bit by bit, the whole jungle.

✦✦✦✦✦✦✦✦✦✦✦

The Fisherman

With his long spear the naked fisherman
goes after the fish trapped in the rock pool
sea air and man are still

tal vez como una rosa la piedad
se abre al borde del agua y sube lenta
deteniendo en silencio la dureza
parece que uno a uno los minutos
se replegaron como un abanico
y el corazón del pescador desnudo
tranquilizó en el agua su latido
pero cuando la roca no miraba
y la ola olvidaba sus poderes
en el centro de aquel planeta mudo
se descargó el relámpago del hombre
contra la vida inmóvil de la piedra
clavó la lanza en la materia pura
el pez herido palpitó en la luz
cruel bandera del mar indiferente
mariposa de sal ensangrentada.

〇〒〇〒〇〒〇〒〇〒〇

Cita de invierno

I

He esperado este invierno como ningún invierno
se esperó por un hombre antes de mí,
todos tenían citas con la dicha:
sólo yo te esperaba, oscura hora.
Es éste como los de antaño, con padre y madre, con fuego
de carbón y el relincho de un caballo en la calle?
Es este invierno como el del año futuro,
el de la inexistencia, con el frío total
y la naturaleza no sabe que nos fuimos?
No. Reclamé la soledad circundada
por un gran cinturón de pura lluvia
y aquí en mi propio océano me encontró con el viento

suggesting a rose a gentleness
spreads from the water's edge and slowly rises
enclosing the harshness in silence
one by one the minutes seem
to have folded up like a fan
and the heart of the naked fisherman
to have stilled its beat in the water
but when the rock wasn't looking
and the wave had furled its force
in the midst of that mute world
lightning struck from the man
at the still life of stone
the spear stuck in the pure stone
the wounded fish flapped in the light
harsh flag of an uncaring sea
butterfly of bloodstained salt.

<hr />

Appointment with Winter

I

I have waited for this winter as no winter
has been waited for by any man before me.
Everyone else had an appointment with joy.
I was the only one waiting for you, dark time.
Is this one like other winters, father and mother, coal fire,
and the neighing of a horse in the street?
Is this one like a winter in the future,
an absolute cold, in which we don't exist,
and nature not realizing we are gone?
No. I laid claim to a solitude surrounded
by a great sash of sheer rain
and here in my own ocean winter found me, with the wind

volando como un pájaro entre dos zonas de agua.
Todo estaba dispuesto para que llore el cielo.
El fecundo cielo de un solo suave párpado
dejó caer sus lágrimas como espadas glaciales
y se cerró como una habitación de hotel
el mundo: cielo, lluvia y espacio.

II

Oh centro, oh copa sin latitud ni término!
Oh corazón celeste del agua derramada!
Entre el aire y la arena baila y vive
un cuerpo destinado
a buscar su alimento transparente
mientras yo llego y entro con sombrero,
con cenicientas botas
gastadas por la sed de los caminos.
Nadie había llegado
para la solitaria ceremonia.
Me siento apenas solo
ahora que la pureza es perceptible.
Sé que no tengo fondo, como el pozo
que nos llenó de espanto cuando niños,
y que rodeado por la transparencia
y la palpitación de las agujas
hablo con el invierno,
con la dominación y el poderío
de su vago elemento,
con la extensión y la salpicadura
de su rosa tardía
hasta que pronto no había luz
y bajo el techo
de la casa oscura
yo seguiré sin que nadie responda
hablando con la tierra.

flying like a bird between two regions of water.
Everything was ready for the sky to weep.
The vast sky with a single eyelid
let fall its tears like glacial swords
and the world shuttered up like an empty
hotel room: sky, rain, and spaces.

II

Center of things, vessel without latitude or end!
Blue heart of the spread water!
Between air and water quivers and dances
some body seeking
its transparent nourishment
as I arrive and enter with my hat,
my dusty boots
worn out by the thirsty roads.
Nobody had arrived
for the solitary ceremony.
I can scarcely feel alone
now that I feel the pureness of the place.
I know I have limitless depths, like the well
which filled us with dread as children;
and that, surrounded by transparency
and the throbbing of the needles,
I am in touch with winter,
with its overwhelming power,
power of its shadowy element,
with the spread and splash
of its late-blooming rose,
until, suddenly, light has gone,
and under the roof
of the dark house
I shall go on speaking to the earth,
although nobody replies.

III

Quién no desea un alma dura?
Quién no se practicó en el alma un filo?
Cuando a poco de ver vimos el odio
y de empezar a andar nos tropezaron
y de querer amar nos desamaron
y sólo de tocar fuimos heridos,
quién no hizo algo por armar sus manos
y para subsistir hacerse duro
como el cuchillo, y devolver la herida?
El delicado pretendió aspereza,
el más tierno buscaba empuñadura,
el que sólo quería que lo amaran
con un tal vez, con la mitad de un beso,
pasó arrogante sin mirar a aquella
que lo esperaba abierta y desdichada:
no hubo nada que hacer: de calle en calle
se establecieron mercados de máscaras
y el mercader probaba a cada uno
un rostro de crepúsculo o de tigre,
de austero, de virtud, de antepasado,
hasta que terminó la luna llena
y en la noche sin luz fuimos iguales.

IV

Yo tuve un rostro que perdí en la arena,
un pálido papel de pesaroso
y me costó cambiar la piel del alma
hasta llegar a ser el verdadero,
a conquistar este derecho triste:
esperar el invierno sin testigos.
Esperar una ola bajo el vuelo
del oxidado cormorán marino
en plena soledad restituida.
Esperar y encontrarme con un síntoma

III

Who doesn't wish for a stubborn spirit?
Who hasn't sharpened the edge of his soul?
When, just as our eyes are opened, we see hate,
and just after learning to walk, we are tripped,
and just for wanting to love, we are hated,
and for no more than touching, we are hurt,
which of us hasn't started to arm himself,
to make himself sharp, somehow,
like a knife, to pay back the hurt?
The sensitive one tries to be cynical,
the gentlest reaches for his sword.
The one who only wanted to be loved
at least once, with the ghost of a kiss,
turns cold and aloof, and doesn't look at the girl
who was waiting for him, open and unhappy.
There is nothing to do. In the streets,
they set up stalls selling masks
and the dealer tries on everyone
twilight faces, face of a tiger,
faces sober or virtuous, faces of ancestors,
until the moon dies
and in the lampless night we are all equal.

IV

I had a face which I lost in the sand,
a pale and wistful paper face,
and it was hard for my spirit to change its skin
till it found its true nature,
and could claim that sad right:
to wait for winter, alone, unwitnessed,
to wait, under the wings
of the dark sea-cormorant,
for a wave to flow, restored
to the fullness of solitude,
to wait for and to find myself

265 · The Hunter after Roots

de luz o luto
o nada:
lo que percibe apenas mi razón,
mi sinrazón, mi corazón, mis dudas.

V

Ahora ya tiene el agua tanto tiempo
que es nueva, el agua antigua se fugó
a romper su cristal en otra vida
y la arena tampoco recogió
el tiempo, es otro el mar y su camisa,
la identidad perdió el espejo
y crecimos cambiando de camino.

VI

Invierno, no me busques. He partido.
Estoy después, en lo que llega ahora
y desarrollará la lluvia fina,
las agujas sin fin, el matrimonio
del alma con los árboles mojados,
la ceniza del mar, el estallido
de una cápsula de oro en el follaje,
y mis ojos tardíos
sólo preocupados por la tierra.

VII

Sólo por tierra, viento, agua y arena;
que me otorgaron claridad plenaria.

with a touch of light or mourning
or nothing:
what my reason is scarcely aware of,
my unreason, my heart, my doubts.

V

By now the water is so very old
that it's new. The ancient water went,
breaking through glass into another life,
and the sand did not save up time.
The new sea has a clean shirt.
Identity lost its mirror
and we grow by changing our ways.

VI

Winter, don't come looking for me. I've left.
I belong to later, to now, when the thin rain
arrives and unlooses
its endless needles, the marriage
of the spirit with the dripping trees,
the sea's ash, the crash
of a gold capsule in the foliage,
and my belated eyes
preoccupied with earth, with earth alone.

VII

With earth alone, with earth, wind, sand, and water,
which granted me an absolute clarity.

El héroe

Me convidó la dueña del castillo
a cada habitación para llorar.
Yo no la conocía
pero la amaba con amor amargo
como si mis desdichas se debieran
a que una vez dejó caer sus trenzas
sobre mí, derramándome la sombra.

Ahora ya era tarde.

Entramos
entre los retratos muertos,
y las pisadas
eran
como
si fuéramos tocando
hacia abajo
a la puerta
del triste honor, del laberinto ciego,
y la única verdad
era el olvido.

Por eso, en cada estancia
el silencio era un líquido,
y la señora dura del castillo
y yo, el testigo negro,
vacilábamos juntos
flotando en aquel frío,
tocaba el techo con su cabellera:
arriba el oro sucio
de los viejos salones
se confundía con sus pies desnudos.

The Hero

The mistress of the castle summoned me
to weep in every one of its rooms.
I didn't know her
but I loved her with a harsh affection
as if all my misfortune came from the fact
that once she undid her hair over me,
shrouding me in shadow.

It was already late.

We went in
among the dead portraits
and our footsteps
sounded
as if
we were going down
to knock
at the door
of weary honor, the blind labyrinth,
and the only truth
were oblivion.

So at every stage
the silence was liquid,
and the castle's hard mistress
and I, her dark companion,
both of us hesitant,
drifted in that cold,
her black hair close to the ceiling.
Above, the dirty gold
of the ancient drawing rooms
blurred into her bare feet.

El espeso sigilo
de las caducas cámaras
me levantaba, pero yo luché
invocando la naturalidad
de la física pura,
pero la castellana sumergida
me invitó a continuar
y divagando
sobre las alfombras rotas,
llorando en los pasillos,
llegaron horas puras y vacías,
sin alimentación y sin palabras,
o todo era pasado o sueño vano,
o el tiempo
no nos reconocía
y en su red, presos como peces, éramos
dos condenados al castillo inmóvil.

Aquellas horas sostengo en mis manos
como se guardan piedras o cenizas
sin pedir nada más a los recuerdos.
Pero, si mi destino errante
me conduce a los muros del castillo,
me cubro con mi máscara,
apresuro
el paso junto al foso,
cruzo las márgenes del funesto lago,
me alejo sin mirar: tal vez sus trenzas
caigan una vez más de los balcones
y ella con llanto agudo
llegue a mi corazón a detenerme.

Por eso yo, el astuto cazador
camino enmascarado por el bosque.

The thick silence
of the threadbare chambers
troubled me, and I resisted
in the name of the natural,
of pure physics,
but from her depths my mistress
pressed me to go on,
wandering over worn carpets,
weeping in passageways.
Time dawned, pristine, empty,
without words or sustenance.
Everything lay in the past, in a vague dream,
or else time itself
no longer recognized us
and we two were trapped like fish in its net,
prisoners in the still castle.

I hold on to those hours,
like stones or ashes in my hands,
without asking any more from memory.
But if my wanderings
take me close to castle walls,
I put on my mask,
I quicken
my pace by the moat,
I skirt the gloomy lake,
I leave without looking behind. Perhaps
her hair will fall again from a balcony,
and she will pierce my heart
with the sharp points of her tears, to keep me there.

That's why I, sly hunter,
wear a mask in the forest.

Bosque

Busqué para enterrar de nuevo
la raíz del árbol difunto:
me parecía que en el aire
aquella cabellera dura
era el dolor del pasajero:
y cuando la metí en la tierra
se estremeció como una mano
y otra vez tal vez, esta vez,
volvió a vivir con las raíces.

Yo soy de ese pueblo perdido
bajo la campana del mundo:
no necesito de los ojos,
la sed determina mi patria
y el agua ciega que me nutre.

Entonces del bosque raído
extraje el bien desenterrado
por la tempestad o la edad:
miré hacia arriba y hacia adentro
como si todo me acechara:
no podía sentirme solo,
el bosque contaba conmigo
para sus trabajos profundos.

Y cuando cavé, me miraban
los cotiledones hojosos,
los epipétalos hipóginos,
las drupas de íntimo contacto,
las emigrantes azorellas,
los nothofagos inclementes.
Examinaban la quietud

The Forest

I looked for the tree's dead root
to bury it over again.
I felt that in the air
that hard hairy clump
meant trouble to the traveler.
When I put it in the ground
it quivered like a hand
and once again perhaps, this time perhaps,
it went back to live among roots.

I'm of that lost race
that lives under the bells of the world.
I don't need eyes.
Thirst defines my country,
and the blind water that feeds me.

Then, from the frayed wood,
I took the goodness
turned up by storm or time.
I looked up. I looked deep in
as if everything was waiting.
I couldn't feel alone.
The forest needed me
for its underground work.

And as I dug they watched me,
leafy cotyledons,
close-petaled tulips,
drupes bunched together,
wandering dandelions,
storm-topped beeches.
They watched the quiet intent

de mis manos ferruginosas
que cavaban de nuevo un hoyo
para raíces resurrectas.

El amancai y el altramuz
se empinaban sobre la greda
hasta las hojas y los ojos
del raulí que me examinaba,
del maitén puro y tembloroso
con sus guirnaldas de agua verde:
y yo sosteniendo en la selva
aquel silencio irresponsable
como un mayordomo vacío
sin herramientas ni lenguaje.

Nadie sabe mi profesión
de empecinado en las raíces,
entre las cosas que crujen
y las que silban de repente,
cuando las heliánteas homógamas
construyen sus cubos genéricos
toda la selva vaginal
es una bodega olorosa,
y voy y vengo salpicando
las constelaciones del polen
en el silencio poderoso.

❀❀❀❀❀❀❀❀

De pronto una balada

Será verdad que otra vez ha golpeado
como aroma o temor, como extranjero
que no conoce bien calle ni casa.
Será verdad, tan tarde, y luego aún

of my earth-stained hands
digging a new hole
for roots to resurrect.

Lupine and amaryllis
towered over the ground
up to the leaves and eyes
of the rauli watching me,
and the pristine, quivering maitén
with its garlands of green water;
and I in the jungle, guarding
an irresponsible silence
like an out-of-work butler
with no tools or language.

Nobody knows that I work
as a man who plants roots
among strange things that rustle
and others that suddenly whistle.
When the homogamous helianthuses
form their characteristic cups,
the whole vaginal jungle
is a rich-smelling wineshop,
and I go back and forth, scattering
constellations of pollen
in the looming silence.

❁❁❁❁❁❁❁❁❁

Suddenly, a Ballad

It could be true that once again it has dawned
like an aroma, like dread, like a stranger
who is not sure of the street or the house.
It could be true, this late, and even later,

la vida manifiesta una ruptura,
algo nace en el fondo de lo que era
ceniza
y el vaso tiembla con el nuevo vino
que cae y que lo enciende. Ay! será aquello
igual que ayer, camino sin señales,
y las estrellas arden con frescura
de jazmines entre tú y la noche,
ay! es algo que asume la alegría
atropelladamente rechazada
y que declara sin que nadie escuche
que no se rinde. Y sube una bandera
una vez más a las torres quemadas.
Oh amor, oh amor de pronto y de amenaza,
súbito, oscurecido, se estremece
la memoria y acude
el navío de plata,
el desembarcadero matutino:
niebla y espuma cubren las riberas,
cruza un grito espacial hacia las islas
y en plena puerta herida del Océano
la novia con su cola de azucenas
lista para partir. Mira sus trenzas:
son dos cascadas puras de carbones,
dos alas negras como golondrinas,
dos pesadas cadenas victoriosas.
Y ella como en la cita de esponsales
aguarda coronada por el mar
en el embarcadero imaginario.

that life is splitting open,
something takes life in the depths of what was
ash,
and the glass trembles with the new wine,
which falls and sets it on fire. Oh, that could be
the same as it was, a way without signposts,
and the stars burning with the freshness
of jasmines between you and the night—
something that restores joy,
brutally rejected,
and that declares, with no one to overhear,
that it will not wear out. A flag goes up
once again on the burned towers.
Love, love, sudden and threatening,
quick, confused—memory
shivers, and the silver ship
arrives,
the early-morning landing.
Snow and foam cover the banks,
a vast cry goes out toward the islands,
and through the wounded doorway to the ocean
comes my love, trailing lilies,
ready to depart. Look at her hair—
twin tumblings of pure coal,
black wings of swallows,
two heavy wreaths of triumph.
And she, as in the ceremony of betrothal,
waits, crowned by the sea,
in the imaginary harbor.

Amores: Delia (I)

Delia es la luz de la ventana abierta
a la verdad, al árbol de la miel,
y pasó el tiempo sin que yo supiera
si quedó de los años malheridos
sólo su resplandor de inteligencia,
la suavidad de la que acompañó
la dura habitación de mis dolores.

Porque a juzgar por lo que yo recuerdo
donde las siete espadas se clavaron
en mí, buscando sangre,
y me brotó del corazón la ausencia,
allí, Delia, la luna luminosa
de tu razón apartó los dolores.

Tú, del país extenso
a mí llegabas
con corazón extenso, difundido
como dorado cereal, abierto
a las transmigraciones de la harina,
y no hay ternura como la que cae
como cae la lluvia en la pradera:
lentas llegan las gotas, las recibe
el espacio, el estiércol, el silencio
y el despertar de la ganadería
que muge en la humedad bajo el violín
del cielo.

Desde allí,
como el aroma que dejó la rosa
en un traje de luto y en invierno,
así de pronto te reconocí

Loves: Delia (I)

Delia is the light in the window open
to truth, to the honeyed tree,
and time passed without my knowing
if there remained from our wounded years
only her shining intelligence,
the sweetness of the one who shared
the harsh room of my sorrows.

For, to go by what I remember
of where the seven swords pierced me
in their quest for blood,
and absence welled up in my heart,
there, Delia, the glowing moon
of your mind kept my grief at bay.

From your vast country
you came to me
with an ample heart, spread out
like golden grain, open
to the changings in the flour,
and there is no gentleness like that which falls
as rain does on the meadows.
The drops descend slowly,
space, dung, and silence receive them,
and the suddenly stirring cattle
lowing in the damp air under
the violin of the sky.

From there
I suddenly recognized you
like the leftover scent of a rose
on a mourning coat, in winter,

como si siempre hubieras sido mía
sin ser, sin más que aquel desnudo
vestigio o sombra clara
de pétalo o espada luminosa.

La guerra llegó entonces:
tú y yo la recibimos a la puerta:
parecía una virgen transitoria
que cantaba muriendo
y parecía hermoso
el humo, el estampido
de la pólvora azul sobre la nieve,
pero de pronto
nuestras ventanas rotas,
la metralla
entre los libros,
la sangre fresca
en charcas por las calles:
la guerra no es sonrisa,
se dormían los himnos,
vibraba el suelo al paso
pesado del soldado,
la muerte desgranaba
espiga tras espiga:
no volvió nuestro amigo,
fue amarga sin llorar
aquella hora,
luego, luego las lágrimas,
porque el honor lloraba,
tal vez en la derrota
no sabíamos
que se abría la más inmensa fosa
y en tierra caerían
naciones y ciudades.
Aquella edad son nuestras cicatrices.
Guardamos la tristeza y las cenizas.

Ya vienen

as if you had always been mine
without being so, from nothing more
than that bare trace or the sharp shadow
of a petal or a shining sword.

Then came the war.
You and I met it at the door,
a passing virgin
who sang as she died,
and the smoke seemed lovely,
the explosion
of blue gunpowder over the snow.
But soon
our broken windows,
shrapnel
among the books,
pools
of fresh blood in the streets.
War is no smile,
hymns went to sleep,
the ground vibrated with
the heavy tread of soldiers,
death spread itself
flower by flower.
Our love didn't come back.
It was bitter, that time
without tears.
The tears came later, later,
for honor itself wept.
Perhaps in defeat
we didn't know
that a huge grave was opening
and into it were falling
nations and cities.
That's how old our scars are.
We keep the sorrow and the ashes.

Now

por la puerta
de Madrid
los moros,
entra Franco en su carro de esqueletos,
nuestros amigos
muertos, desterrados.

Delia, entre tantas hojas
del árbol de la vida,
tu presencia
en el fuego,
tu virtud
de rocío:
en el viento iracundo
una paloma.

·0·0·0·0·0·0·0·0·0·

Amores: Delia (II)

Las gentes se acallaron y durmieron
como cada uno era y será:
tal vez en ti no nacía el rencor,
porque está escrito en donde no se lee
que el amor extinguido no es la muerte
sino una forma amarga de nacer.

Perdón para mi corazón en donde
habita el gran rumor de las abejas:
yo sé que tú, como todos los seres,
la miel excelsa tocas
y desprendes
de la piedra lunar, del firmamento,
tu propia estrella,
y cristalina eres entre todas.

through the gates of Madrid
come the Moorish troops
and Franco with his cartload of skeletons,
our friends
dead and exiled.

Delia, among so many leaves
from the tree of life,
your presence
in the fire,
your goodness
like dew,
dove
in the raging wind.

❖❖❖❖❖❖❖❖❖

Loves: Delia (II)

People were quiet and asleep
as if each one had been and would be.
Maybe in you there was no such thing as resentment,
because it is written where it's never read
that love, once over, isn't death
but a bitter kind of birth.

Forgive me my heart, which harbors
a vast love, like bees.
I know that you, like all beings,
are in touch with a rich honey
and that, from lunar stone,
from the firmament,
you free your own star,
shining among the others.

Yo no desprecio, no desdeño, soy
tesorero del mar, escucho apenas
las palabras del daño
y reconstruyo
mi habitación, mi ciencia, mi alegría,
y si pude agregarte la tristeza
de mis ojos ausentes, no fue mía
la razón ni tampoco la locura:
amé otra vez y levantó el amor
una ola en mi vida y fui llenado
por el amor, sólo por el amor,
sin destinar a nadie la desdicha.

Por eso, pasajera
suavísima,
hilo de acero y miel que ató mis manos
en los años sonoros,
existes tú no como enredadera
en el árbol sino con tu verdad.

Pasaré, pasaremos,
dice el agua
y canta la verdad contra la piedra,
el cauce se derrama y se desvía,
crecen las hierbas locas
a la orilla:
pasaré, pasaremos,
dice la noche al día,
el mes al año,
el tiempo
impone rectitud al testimonio
de los que pierden y de los que ganan,
pero incansablemente crece el árbol
y muere el árbol y a la vida acude
otro germen y todo continúa.

Y no es la adversidad la que separa
los seres, sino

I'm neither scornful nor disdainful,
I'm the sea's treasurer, I hardly hear
words that hurt,
and I restore
my place, my thinking, my joy,
and if I could admit to you
the sadness in my absent eyes,
neither the reasons nor madness were mine alone.
I fell in love again, and love
started up a wave in my life
and filled me with love, love alone,
without my wishing ill to anyone.

So, most gentle
passenger,
thread of honey and steel, who bound my hands
in the resounding years,
you exist, not like a vine laced
in the tree, but as truth, your truth.

I will pass, we will pass,
says the water,
and the truth sings against stone.
The course of the river spreads and shifts.
Wild grass grows
on the banks.
I will pass, we will pass.
So says night to day,
month to year.
Time
corrects the testimony
of winners and losers,
but the tree never rests in its growing.
The tree dies, another seedling comes
to life, and everything goes on.

It isn't adversity that separates
people, it is

285 · *The Hunter after Roots*

el crecimiento,
nunca ha muerto una flor: sigue naciendo.

Por eso aunque perdóname
y perdono
y él es culpable y ella
y van y vienen
las lenguas amarradas
a la perplejidad y a la impudicia
la verdad
es
que todo ha florecido
y no conoce el sol las cicatrices.

❀❁❀❁❀❁❀❁

La noche

Entro en el aire negro.
La noche vieja tiene
paciencia en su follaje,
se mueve
con su espacio,
redonda,
agujereada,
con qué plumas se envuelve?
O va desnuda?
Cayó sobre metálicas
montañas
cubriéndolas con sal
de estrellas duras:
uno por uno
cuanto monte
existe
se extinguió y descendió bajo sus alas:

growing.
A flower never dies; it goes on being born.

So, then, forgive me
as I forgive
and the man is guilty, the woman as well,
and tongues wag
back and forth,
bound to outrage and complication,
truth
is
all that has flowered
and the sun is not aware of scars.

❀❀❀❀❀❀❀❀

Night

I go into the black air.
Night's on the move,
patience in its foliage,
shifting
its great space,
round,
perforated with stars.
What feathers is it wrapped in?
Or is it naked?
It falls on metallic
mountains
covering them with the salt
of hard stars.
One by one,
every single mountain
goes out,
goes out under its wings,

bajo el trabajo negro de sus manos.
Al mismo tiempo
fuimos
barro negro,
muñecos
derribados
que dormían
sin ser, dejando fuera el traje diurno,
las lanzas de oro, el sombrero de espigas,
la vida con sus calles y sus números
allí quedó,
montón de pobre orgullo,
colmena sin sonido.
Ay noche y noche, abierta
boca, barca, botella,
no sólo tiempo y sombra,
no sólo la fatiga,
algo irrumpe, se colma
como una taza,
leche oscura,
sal negra,
y cae
adentro
de su pozo
el destino,
se quema cuanto existe, el humo
viaja buscando espacio hasta extender la noche,
pero
de la ceniza
mañana
naceremos.

goes under its black handwork.
At the same time
we are
black mud,
discarded
puppets
who sleep
without being, day clothes thrown aside,
gold spears, tasseled hat,
life with its streets and numbers,
there it all stays,
a heap of poor pride,
a hive without sound,
oh, night, open night,
mouth, boat, bottle,
not just time and shadow,
not just tiredness,
something breaks in, fills up
like a cup,
dark milk,
black salt,
and falls
into
its well,
a destiny,
all that exists burns up, the smoke
goes looking for space to stretch out the night,
but
from tomorrow's
ash
we will be born.

Oh tierra, espérame

Vuélveme oh sol
a mi destino agreste,
lluvia del viejo bosque,
devuélveme el aroma y las espadas
que caían del cielo,
la solitaria paz de pasto y piedra,
la humedad de las márgenes del río,
el olor del alerce,
el viento vivo como un corazón
latiendo entre la huraña muchedumbre
de la gran araucaria.

Tierra, devuélveme tus dones puros,
las torres del silencio que subieron
de la solemnidad de sus raíces:
quiero volver a ser lo que no he sido,
aprender a volver desde tan hondo
que entre todas las cosas naturales
pueda vivir o no vivir: no importa
ser una piedra más, la piedra oscura,
la piedra pura que se lleva el río.

Oh, Earth, Wait for Me

Return me, oh sun,
to my country destiny,
rain of the ancient woods.
Bring me back its aroma, and the swords
falling from the sky,
the solitary peace of pasture and rock,
the damp at the river margins,
the smell of the larch tree,
the wind alive like a heart
beating in the crowded remoteness
of the towering araucaria.

Earth, give me back your pristine gifts,
towers of silence which rose from
the solemnity of their roots.
I want to go back to being what I haven't been,
to learn to return from such depths
that among all natural things
I may live or not live. I don't mind
being one stone more, the dark stone,
the pure stone that the river bears away.

Patagonias

I

Áspero territorio,
extremo sur del agua:
recorrí
los costados,
los pies, los dedos fríos
del planeta,
desde arriba mirando
el duro ceño,
tercos montes y nieve abandonada,
cúpulas del vacío,
viendo,
como una cinta que se desenrolla
bajo las alas férreas,
la hostilidad
de la naturaleza.

Aquí, cumbres de sombra,
ventisqueros,
y el infinito orgullo
que hace resplandecer
las soledades,
aquí, en alguna cita
con raíces
o sólo con el ímpetu del viento,
debo de haber nacido.

Tengo que ver, tengo deberes puros
con esta claridad enmarañada
y me pesa el espacio en el pasado
como si mi pequeña historia humana

Patagonias

I

Bitter territory,
southern reach of water.
I crossed
the ribs,
the feet, the cold fingers
of the planet,
looking down from above
on its set frown,
stubborn mountains and leftover snow,
domes of emptiness,
seeing,
like a ribbon unwinding
under the iron wings,
the hostility
of the natural world.

Here, summits in shadow,
blizzards,
and the extending pride
that makes the lonely places
shine;
here, by some appointment with
my roots,
or only driven by the wind,
I must have been born.

I have to see it, I have clear obligations
to this confused clarity
and spaces in my past weigh on me
as if my tiny human history

se hubiera escrito a golpes en la nieve
y ahora yo descubriera
mi propio nombre, mi estupor silvestre,
la volcánica estatua de la vida.

II

La patria se descubre
pétalo a pétalo
bajo los harapos
porque de tanta soledad el hombre
no extrajo flor, ni anillo, ni sombrero:
no encontró en estos páramos
sino la lengua
de los ventisqueros,
los dientes de la nieve,
la rama turbulenta
de los ríos.
Pero a mí me sosiegan
estos montes,
la paz huraña,
el cuerpo de la luna
repartido
como un espejo roto.

Desde arriba acaricio
mi propia piel, mis ojos,
mi tristeza,
y en mi propia extensión veo la sombra:
mi propia Patagonia:
pertenezco a los ásperos conflictos
de alguna inmensa estrella
que cayó derrotándome
y sólo soy una raíz herida
del torpe territorio:
me quemó la ciclónea nieve,
las astillas del hielo,
la insistencia del viento,

had been written at a stroke into the snow
and now I might discover
my own name, my wild astonishment,
the volcanic statue of my existence.

II

My country reveals itself
petal by petal
under its rags,
because from such solitude man
plucked neither flower nor ring nor hat
and found in these bare places
only the language
of blizzards,
the teeth of the snow,
the turbulent branches
of rivers.
But these mountains
calm me,
their withdrawn peace,
the bulk of the moon
scattered
like a broken mirror.

From up here I stroke
my own skin, my eyes,
my sorrows,
and in my extended self I see the shadow.
My own Patagonia.
I belong to the harsh contradictions
of some huge star
that fell, defeating me,
and I am no more than a hurt root
of that slow landscape.
The whirling snow burned me,
the splinters of ice,
the persistence of the wind,

la crueldad clara, la noche pura y dura
como una espina.
                              Pido
a la tierra, al destino,
este silencio
que me pertenece.

✧✧✧✧✧✧✧✧✧✧

Serenata de México

De Cuernavaca al mar México extiende
pinares, pueblos pardos, ríos rotos
entre la piedra antigua, eriales, hierbas
con ojos de amaranto, iguanas lentas,
techos de teja anaranjada, espinas,
socavones de mina abandonada,
serpientes ígneas, hombres polvorientos,
y el camino ondulando, atormentado
por la geología del infierno.

Oh corazón profundo, piedra y fuego,
estrella cercenada,
rosa enemiga,
pólvora en el viento!

Viví la alevosía
de la vieja crueldad,
toqué la rosa
perenne,
el rumor
de la abeja incesante:
cuanto el pequeño mexicano toca
con dedos o con alas,
hilo, plata, madera,

sheer cruelty, the night
sure and hard as a spine.
                                    I ask
of the earth, of my fate,
this silence
which belongs to me.

Mexican Serenade

From Cuernavaca to the sea, Mexico is a spread
of pine groves, brown villages, rivers splintered
by ancient stone, raw land, grass
with amaranth eyes, torpid iguanas,
roofs of orange tile, rock-spines,
mouths of abandoned mines, serpents
of fire, men of dust,
and winding highways, raddled
by the geology of hell itself.

Oh, buried heart, stone and fire,
blunted star,
hostile rose,
powder on the wind!

I lived out the treacheries
of ancient cruelty,
I touched
the perennial rose,
the murmur
of ever-present bees.
Whatever that small people touch
with fingers or wings—
thread, silver, wood,

cuero, turquesa, barro,
se convierte en corola duradera,
cobra existencia y vuela crepitando.

Oh México, entre todas
las cumbres
o desiertos
o campiñas
de nuestro territorio desangrado
yo te separaría
por viviente,
por milenario sueño y por relámpago,
por subterráneo de todas las sombras
y por fulgor y amor nunca domados.

Aire para mi pecho,
para las vanas
sílabas
del hombre,
del hombre que te canta:
así fue el peregrino
del sisal a la piedra, a los sombreros,
a los telares, a la agricultura,
y aquí tengo en mi sien la cicatriz
de amarte y conocerte
y cuando cierro de noche los ojos
oigo música pobre
de tu calle
y voy durmiendo como navegando
en la respiración de Sinaloa.

A mano levantaron
tu hirsuta geografía,
a manos de hombre oscuro,
a manos de soldado,
de labrador, de músico,
se templó tu estatura
y la greda y la piedra levantada

leather, turquoise, clay—
turns into a practical corolla,
takes on a life, and takes sparkling flight.

Oh, Mexico, from all
the mountains
or deserts
or farmlands
of our blood-embittered territories,
I would single you out
for your living being,
for your ageless dream, your lightning,
for your underworld thick with shadows,
for a brilliance and a love that are still untamed.

Air breathed in,
air for the vain
utterances
of man,
of the man singing to you:
so did the pilgrim pass
from straw to stone, to sombreros,
to looms, to agriculture,
and here I carry in my breast the scar
of loving and knowing you.
And when I close my eyes at night
I hear the threadbare music
of your streets
and I fall asleep as if adrift
in the air of Sinaloa.

Hands brought into being
your scruffy landscape,
hands of unknown men,
hands of the soldier,
the musician, the tiller of the soil.
Your stature was tempered,
and clay and stone, assembled

a la orilla nupcial
de los océanos
se pobló con espinas,
con ágaves
cuyo jade entreabrió por sus heridas
los ojos alcohólicos
del sueño y de la ira.

Así entre los breñales se juntaron
mariposas y huesos de difuntos,
amapolas y dioses olvidados.

Pero los dioses no olvidaban.

1

Madre materia, germen,
tierra germinadora,
arcilla
tempestuosa
de la fecundación, lluvia encendida
sobre las tierras rojas,
en todas partes
resurgió la mano:
de la vieja ceniza del volcán
la oscura mano pura
renació
construyendo y construyendo.

Como tal vez antaño,
cuando llegó de lejos
el invasor amargo
y el eclipse del frío
cubrió con su mortaja
el cuerpo de oro,
así el picapedrero
hizo su célula
de piedra y la substancia

where the land
married the ocean,
was crowded with thorns,
with cactus
whose green wounds opened
the drunken eyes
of dream and rage.

So, in the undergrowth, they came together,
butterflies and the bones of the dead,
poppies and forgotten gods.

But the gods did not forget.

1

Mother matter, seed,
earth-womb,
turbulent
clay
of fertility, burning rain
over the red earth,
everywhere
it was the time of hands:
from ancient volcanic ash
pure, dark hands began
the work of
building, building.

As in the far past, perhaps,
when the harsh invader
ruled from afar
and a cold eclipse
covered with its shroud
the golden body of earth,
so did the stonecutter
carve his own cell
out of stone and the sun's presence

301 • *The Hunter after Roots*

del sol le dio la miel de cada día:
el alfarero derramó al mercado
el redondo racimo
de los cántaros
y entre las hebras verdes y amarillas
irisó el tejedor sus mariposas,
de tal manera que florecen páramos
con el honor de su mercadería.

Yo tu selva sonora
conozco, en los rincones
de Chiapas olorosa
puse mis pies australes,
lo recuerdo:
caía brusco
el gran crepúsculo de ceniza azul
y en lo alto no había
cielo ni claridad:
todo era hojas:
el corazón del mundo era un follaje.

Porque entre
tierra oscura y noche verde
no me sentí agobiado,
a pesar
del infortunio
y de la hora incierta,
no me sentí tal vez por vez primera
padre del llanto
o huésped
de la eterna agonía.

Y la tierra sonora y saturada
me enseñó de una vez a ser terrestre:
reconocí derrotas y dolores:
por vez primera me enseñó la arcilla
terrenal

spread its day-honey.
The potter filled the market
with the round bulk
of water jugs
and out of green and yellow thread
the weaver fashioned shining butterflies,
till the barren plains flowered
with the dignity of their crafts.

I know
your echoing jungle.
My southern feet explored
the far parts of fragrant Chiapas.
I remember.
The great twilight of blue ash
suddenly descended
and high up there was neither
sky nor light.
It was all leaves.
The heart of the world was foliage.

Since I did not feel
weighed down
by dark earth or green night,
in spite of
misfortune, uncertainty,
perhaps for the first time
I did not feel myself to be
the father of grief
or the guest
of eternal anguish.

The earth, dense, buzzing,
taught me once and for all to be of the earth.
I knew both pain and defeat.
For the first time I learned,
from earthly clay,

303 · *The Hunter after Roots*

que cantando
conquista el solitario la alegría.

Crepitaban ardiendo
y apagándose
los coros de la selva,
pájaros con voz de agua infinita,
roncos gritos de bestias sorprendidas,
o crecía en el orbe atormentado
un súbito silencio,
cuando de pronto estremeció la tierra
el temblor espacial de las cigarras.

Yo me quedé pasmado,
mínimo, atónito en la certidumbre
de que un motor celeste
removiera la noche y el sonido.

1

Temblaba el cielo con sus azucenas,
la sombra agazapó sus azabaches
y subía, subía
el frenesí delgado
de una ola,
la migración metálica
de un río
de campanas.

Allí, la espesa noche
preparaba sus ojos:
el mundo
se iba llenando de color oscuro:
las estrellas latían
y yo solo, asediado
por el violín de los aserraderos
nocturnos, la cantata
universal

it is in his singing
that the solitary man arrives at joy.

The jungle chorus
sounded
like the crackling of fire,
birds like endlessly running water,
harsh cries of startled beasts,
or else a sudden silence
would fall on that tangled globe,
then suddenly the earth would quiver
under a cover of locusts.

I was struck dumb,
awed, overcome by the sense
of some celestial mechanism
moving the night and its sounds.

1

The sky trembled through the lilies,
the shadows hid their dark stones
and there arose
the thin excitement
of a wave,
the metallic shifting
of a river
of bells.

There, the deep night
took on new eyes,
the world slowly filled
with the color of dark.
The stars throbbed
and I was alone, overcome
by the playing of
the sawmills of night, the vast

de un pueblo
secreto
de cigarras.

Yo regresé a mi tierra, y acodado
a las ventanas duras del invierno
acecho la insistencia de las olas
del océano frío de Isla Negra:
se desploma el honor del mediodía
en la sal poderosa
y crecen los estuarios de la espuma
en el sinfín del tiempo y de su arena.

Yo veo que las aves
dirigidas
como naves hambrientas
van sobre el mar buscando el fuego azul:
las piedras calurosas:
pienso que la victoria de sus alas
tal vez las haga descender un día
en las costas
de México bravío,
las transporta la sed
del hemisferio,
las incita un camino misterioso.

Aquí las recomiendo.
Yo quiero que desciendan
a las fosforescentes anilinas
del crepitante añil
y dispersen el ramo de su vuelo
sobre las californias mexicanas.

A las aves hambrientas,
emigrantes,
desgrana tu racimo generoso,
los peces de la luz, los huracanes
de tu salud sangrienta:

song of the secret world
of the locusts.

I returned to my own land, and leaning on
the harsh windowsill of winter,
I watch the persistent waves
in the cold seas off Isla Negra.
The glory of midday
founders under the weight of the salt
and the estuaries of foam grow into
the infinity of time and sand.

I watch the birds,
arrowed like hungry ships
flying over the sea
in search of blue fire,
in search of warm stone.
I think that the triumph of their wings
perhaps will lead them to descend one day
on the coast
of unbridled Mexico.
A thirst that stems from this hemisphere
leads them on,
a mysterious pathway
draws them.

Here, I tell them:
land, come to ground
on the blue phosphorescence
of bright indigo bushes
and scatter the fruits of your flight
along the coasts of Mexico.

To the hungry
and arriving birds,
open up your generous bounty,
your fish of light, the hurricanes
of your buoyant blood.

307 · *The Hunter after Roots*

Oh, México, recibe
con las alas que volaron
desde el extremo sur, donde termina,
en la blancura, el cuerpo
de la América oscura,
recibe el movimiento
de nuestra identidad que reconoce
su sangre, su maíz, su desamparo,
su estrella desmedida:
somos la misma planta
y no se tocan
sino nuestras raíces.

❂❂❂❂❂❂❂❂

Para la envidia

De uno a uno saqué los envidiosos
de mi propia camisa, de mi piel,
los vi junto a mí mismo cada día,
los contemplé
en el reino transparente
de una gota de agua:
los amé cuanto pude: en su desdicha
o en la ecuanimidad de sus trabajos:
y hasta ahora no sé
cómo ni cuándo
substituyeron nardo o limonero
por silenciosa arruga
y una grieta anidó donde se abriera
la estrella regular de la sonrisa.

Oh, Mexico, take in
along with the wings that have flown
from the far south, where the continent
ends in white foam, the body
of unknown America.
Take in the pulse
of our separate being, which knows
your blood, your grain, your helplessness,
your boundless star.
We are of the same growth.
It is in our roots
that we are one.

<hr>

To Envy

I plucked the envious ones, one by one,
from my shirt, from my skin.
I saw them all around me every day.
I brooded on them
in the transparent kingdom
of a drop of water.
I loved them as much as I could, in their misfortune,
or in the equanimity of their labors,
and even now I have no idea
how or when
they replaced lilies and lemon trees
with a silent frown
or, where an ordinary smile should have been,
a gash set in.

1

Aquella grieta de un hombre en la boca!

Aquella miel que fue substituida!

El grave viento de la edad
volando
trajo polvo, alimentos,
semillas separadas del amor,
pétalos enrollados de serpiente,
ceniza cruel del odio muerto
y todo
fructificó en la herida de la boca,
funcionó la pasión generatriz
y el triste sedimento del olvido
germinó, levantando la corola,
la medusa violeta de la envidia.

1

Qué haces tú, Pedro, cuando sacas peces?
Los devuelves al mar, rompes la red,
cierras los ojos ante el incentivo
de la profundidad procreadora?

Ay! Yo confieso mi pecado puro!
Cuanto saqué del mar,
coral, escama,
cola del arcoiris,
pez o palabra o planta plateada
o simplemente piedra submarina,
yo la erigí, le di la luz de mi alma.

Yo, pescador, recogí lo perdido
y no hice daño a nadie en mis trabajos.

1

That gash of a mouth!

All that honey that was replaced!

The heavy wind of age
brought in its flight
dust, food,
seeds split off from love,
petals wound with snakes,
cruel ash of dead hatred,
and everything
flourished in the wounded mouth.
A web of passions started up
and the woeful dregs of being forgotten
gave root to the spreading tentacles,
the violet medusa of envy.

1

When you catch fish, Pedro, what do you do?
Do you throw them back, rip up your net,
close your eyes to the urges
in the vast web of procreation?

I confess to my own sin!
Whatever I took from the sea,
coral, fish scales,
rainbow tail,
fish or word or silvered leaf,
or even an underwater stone,
I raised it up, I gave it the light of my spirit.

Fisherman myself, I gathered whatever was lost,
and my efforts harmed no one.

No hice daño, o tal vez herí de muerte
al que quiso nacer y recibió
el canto de mi desembocadura
que silenció su condición bravía:
al que no quiso
navegar en mi pecho,
y desató
su propia fuerza,
pero vino el viento
y se llevó su voz y no nacieron
aquellos que querían ver la luz.

*

Tal vez el hombre crece y no respeta,
como el árbol del bosque, el albedrío
de lo que lo rodea,
y es de pronto
no sólo la raíz, sino la noche,
y no sólo da frutos, sino sombra,
sombra y noche que el tiempo y el follaje
abandonaron en el crecimiento
hasta que desde la humedad yacente
en donde esperan las germinaciones
no se divisan dedos de la luz:
el gratuito sol le fue negado
a la semilla hambrienta
y a plena oscuridad desencadena
el alma un desarrollo atormentado.

*

Tal vez no sé, no supe, no sabía.

No tuve tiempo en mis preocupaciones
de ver, de oír, de acechar y palpar

I did no harm, or maybe I did to death
someone who wanted the light himself, and got instead
me, emptying myself in song,
which silenced his untamed ways,
someone who didn't want
to swim in my breast,
and cut out
on his own,
but the wind came
and carried off his voice,
and they were never born,
those who longed to see light.

⸱

The tree is part of the forest, but perhaps a man
can grow up ignoring
the bent of everything around him,
and quite suddenly
it's not just roots but darkness,
not just fruit but shadow,
shadow and night which time and foliage
left behind as they grew,
till in the close dampness
where the seeds expected to swell
there is no trace of the fingering light.
The gift of the sun is denied
the hungry seed
and deep in darkness the spirit
unwinds in its own contortions.

⸱

Perhaps I don't know, perhaps I didn't know,
perhaps I never knew.

Preoccupied as I was, I had no time
to see, or hear, or seek out or feel

lo que estaba pasando, y por amor
pensé que mi deber era cantar,
cantar creciendo y olvidando siempre,
agonizando como resistiendo:
era mi amor, mi oficio
en la mañana entre los carpinteros,
bebiendo con los húsares, de noche,
desatar la escritura de mi canto
y yo creí cumplir,
ardiente o separado
del fuego,
cerca del manantial o en la ceniza,
creí que dando cuanto yo tenía,
hiriéndome para no dormir,
a todo sueño, a toda hora, a toda vida,
con mi sangre y con mis meditaciones,
y con lo que aprendí de cada cosa,
del clavel, de su generosidad,
de la madera y su paz olorosa,
del propio amor, del río, de la muerte,
con lo que me otorgó la ciudad y la tierra,
con lo que yo arranqué de una ola verde,
o de una casa que dejó vacía
la guerra, o de una lámpara
que hallé encendida en medio del otoño,
así como del hombre y de sus máquinas,
del pequeño empleado y su aflicción,
o del navío navegando en la niebla:
con todo y, más que todo, con lo que yo debía
a cada hombre por su propia vida
hice yo lo posible por pagar, y no tuve
otra moneda que mi propia sangre.

1

Ahora qué hago con éste y con el otro?

all that was happening, and for love's sake
I believed my obligation was to sing,
to sing as I grew and left my life behind,
out of the pain of the struggle.
It was my dedication, my function,
alongside carpenters in the morning,
drinking at night with the horsemen,
to pour out my song in writing,
and I thought I was doing it,
on fire or far away
from the fire,
close to the source or out of the ashes;
I thought that by giving all I had,
jabbing myself to keep myself awake,
giving my whole vision, my whole time, my whole life,
my blood and all my thinking,
and what I learned from every thing,
the generosity of carnations,
wood and its sweet-smelling peace,
love itself, rivers, death,
all I was given by the city, by the earth,
all I gathered in from a green wave,
or a house left empty by war,
or a lamp I found lit
in the middle of autumn,
and men too, and their machinery,
working men and their troubles,
or the ship steering through the fog—
all that, more than all, all that I owed
to every man for the life in him,
I did what I could to repay, and I had
no other currency but my own blood.

1

So what do I do now with this man and this other?

Qué puedo hacer para restituir
lo que yo no robé? Por qué la primavera
me trajo a mí una corona amarilla
y quién anduvo hostil y enmarañado
buscándola en el bosque? Ahora
tal vez es tarde ya para encontrar
y volcar en la copa del rencor
la verdad atrasada y cristalina.

Tal vez el tiempo endureció la voz,
la boca, la piedad del ofendido,
y ya el reloj no podrá volver
a la consagración de la ternura.

1

El odio despiadado tuvo tiempo
de construir un pabellón furioso
y destinarme una corona cruel
con espinas sangrientas y oxidadas.
Y no fue por orgullo que guardé
el corazón ausente del terror:
ni de mi dolor ensimismado,
ni de las alegrías que sostengo
dispersé
en la venganza
el poderío.

Fue por otra razón, por indefenso.

Fue porque a cada mordedura
el día
que llegaba
me separaba de un nuevo dolor,
me amarraba las manos y crecía
el liquen en la piedra de mi pecho,
la enredadera se me derramaba,
pequeñas manos verdes me cubrían,

What can I do to give back
what I never stole? Why did the spring
bring me a yellow crown
and who, aggrieved and puzzled,
searched for it in the forest?
It's perhaps too late to uncover
the missing clarity of truth
and pour it into his bitter cup.

Maybe time has hardened his voice,
his mouth, his righteousness,
and the clock cannot turn back
to bring us together in tenderness.

✓

Raw hatred took its time
making an outpost of its rage
and prepared for me a savage crown
with rusty, bloodstained spikes.
It wasn't pride that made me keep
my heart at a distance from such terror,
nor did I waste
on revenge
or the pursuit of power
the forces that came from my selfish griefs
or my accumulated joys.

It was something else—my helplessness.

It was because with every taunt
the day
that dawned
detached me from new hurt,
bound my hands, and lichen
grew on the stone of my breast.
I was overgrown by creeping plants,
small green hands covered me,

317 · *The Hunter after Roots*

y me fui ya sin puños a los bosques
o me dormí en el título del trébol.

                    ✓

Oh, yo resguardo en mí mismo la avaricia
de mis espadas, lento
en la ira,
gozo
en mi dureza,
pero cuando la tórtola en la torre
trina, y agacha el brazo el alfarero
hacia su barro, haciéndolo vasija,
yo tiemblo y me traspasa
el aire lancinante:
mi corazón se va con la paloma.

Llueve y salgo a probar el aguacero.

                    ✓

Yo salgo a ser lo que amo, la desnuda
existencia del sol en el peñasco,
y lo que crece y crece sin saber
que no puede abolir su crecimiento:
dar grano el trigo: ser innumerable
sin razón: porque así le fue ordenado:
sin orden, sin mandato,
y, entre las cosas que no se reparten,
tal vez esta secreta voluntad,
esta trepidación de pan y arena,
llegaron a imponer su condición
y no soy yo sino materia viva
que fermenta y levanta sus insignias
en la fecundación de cada día.

Tal vez la envidia, cuando
sacó a brillar contra mí la navaja

and I took to the woods, unfisted,
or slept in care of the clover.

✦

Oh, I am most careful with
my sword's keen edge, I'm slow
to anger,
I rejoice in
my hard nature,
but when the turtledove in the tower
croons, and the potter stretches his hands
to his clay, raising a bowl,
I tremble, I am pierced through
by the sharp air.
My heart takes off with the dove.

It rains, and I go out to try the shower.

✦

I go out to the being I love, naked presence
of sun on a rock,
everything growing, growing, unaware
that it cannot put an end to its own growing;
the wheat going to grain, multiplying
far beyond reason, so it was ordained,
without order or instruction;
and, among undivided things,
perhaps this secret urge,
this agitation of bread and sand,
imposed its own conditions,
and I'm not me but living matter
fermenting and forming its own shapes
in the fruitfulness of every day.

Perhaps envy, when it flashed
its knife at me

y se hizo profesión de algunos cuantos,
agregó a mi substancia un alimento
que yo necesitaba en mis trabajos,
un ácido agresivo que me dio
el estímulo brusco de una hora,
la corrosiva lengua contra el agua.

1

Tal vez la envidia, estrella
hecha de vidrios rotos
caídos
en una calle amarga,
fue una medalla que condecoró
el pan que doy cantando cada día
y a mi buen corazón de panadero.

and became the profession of certain people,
gave to my body an extra food
which I needed in my work,
a fierce acid which gave me
sharp stimulation for an odd hour,
corrosive tongue against the water.

1

Perhaps envy, a star
made from broken glass
fallen
in a bitter street,
was a medal pinned on
the bread I bring, singing, every day,
and my good baker's heart.

Sonata crítica

Critical Sonata

Arte magnética

De tanto amar y andar salen los libros.
Y si no tienen besos o regiones
y si no tienen hombre a manos llenas,
si no tienen mujer en cada gota,
hambre, deseo, cólera, caminos,
no sirven para escudo ni campana:
están sin ojos y no podrán abrirlos,
tendrán la boca muerta del precepto.

Amé las genitales enramadas
y entre sangre y amor cavé mis versos,
en tierra dura establecí una rosa
disputada entre el fuego y el rocío.

Por eso pude caminar cantando.

⦿⦾⦿⦾⦿⦾⦿⦾⦿⦾⦿

La noche

Quiero no saber ni soñar.
Quién puede enseñarme a no ser,
a vivir sin seguir viviendo?

Cómo continúa el agua?
Cuál es el cielo de las piedras?

Ars Magnetica

From so much loving and journeying, books emerge.
And if they don't contain kisses or landscapes,
if they don't contain a man with his hands full,
if they don't contain a woman in every drop,
hunger, desire, anger, roads,
they are no use as a shield or as a bell:
they have no eyes, and won't be able to open them,
they have the dead sound of precepts.

I loved the entanglings of genitals,
and out of blood and love I carved my poems.
In hard earth I brought a rose to flower,
fought over by fire and dew.

That's how I could keep on singing.

Night

I want neither to know nor to dream.
Who can teach me not to be,
to live without going on living?

How does water keep on flowing?
Which is the heaven of stones?

325 · *Critical Sonata*

Inmóvil hasta que detengan
las migraciones su destino
y luego viajen en el viento
de los archipiélagos fríos.

Inmóvil con secreta vida
como una ciudad subterránea
que se fatigó de sus calles,
que se escondió bajo la tierra
y ya nadie sabe que existe,
no tiene manos ni almacenes,
se alimenta de su silencio.

Alguna vez ser invisible,
hablar sin palabras, oír
sólo ciertas gotas de lluvia,
sólo el vuelo de cierta sombra.

○+○+○+○+○+○+○+○

A los desavenidos

Estos matrimonios peleados,
estas discordantes uniones,
por qué no rompen de una vez
y se terminan las historias,
las quejas de Juan y Juana,
los gritos entre Pedro y Pedra,
los palos entre Roso y Rosa?

A nadie le gusta pasear
con pez espadas conyugales
armados de razones duras
o disolviéndose en salmuera.

Still, until the great migrations
fix their paths of flight,
and ultimately travel on the winds
of the frozen archipelagoes.

Still, with the secret life
of an underground city
grown tired of its streets,
hidden under the earth,
and no one now knows it exists.
It has neither hands nor markets,
and feeds on its own silence.

At some point to be invisible,
to speak without words, to hear
only certain raindrops falling,
only the flight of a certain shadow.

○┼○┼○┼○┼○┼○┼○

To Those at Odds

These marriages gone sour,
these discordant couples,
why don't they break up once and for all,
why don't their stories come to an end—
the grumbles of Juan and Juana,
the squabbles of Pedro and Pedra,
the blows between Roso and Rosa?

No one likes to be around
matrimonial swordfish
armed with hard argument
or dissolving in salt tears.

Por favor, pónganse de acuerdo
para no ponerse de acuerdo,
no salgan a mostrar cuchillos,
tenedores ni dentaduras.

En el estuario del amor
caben aún todas las lágrimas
y toda la tierra no puede
llenar la tumba del amor,
pero para morder y herir
no se pone el sol en las camas,
sino la sombra en los caminos.

❁❁❁❁❁❁❁❁

A la baraja

Sólo seis oros,
siete
copas, tengo.

Y una ventana de agua.

Una sota ondulante,
y un caballo marino
con espada.

Una reina bravía
de pelo sanguinario
y de manos doradas.

Ahora que me digan
qué juego, qué adelanto,
qué pongo, qué retiro,
si naipes navegantes,

Please, please agree,
at least to disagree.
Don't come out showing
your knives, your forks, your false teeth.

In the estuary of love
there is still room for tears,
and there is not earth enough
to fill in the tomb of love;
but we don't go to bed at sunset
to wound and bite one another—
that's a matter for dark places.

❁❁❁❁❁❁❁❁❁

To the Pack

I have
only six diamonds,
seven hearts.

And a window of water.

A wavering knave
and a mounted queen
with a sword.

A ferocious queen
with bloodied hair
and gilded hands.

Now, let them tell me
what to play, what to lead,
what to discard, what to draw—
wild cards perhaps,

si solitarias copas,
si la reina o la espada.

Que alguien mire y me diga,
mire el juego del tiempo,
las horas de la vida,
las cartas del silencio,
la sombra y sus designios,
y me diga qué juego
para seguir perdiendo.

◊ ◊ ◊ ◊ ◊ ◊ ◊ ◊

Se amanece

Se amanece sin deudas
y sin dudas
y luego
cambia el día,
rueda la rueda,
se transfigura el fuego.

No va quedando nada
de lo que amaneció, se fue quemando
la tierra uva por uva,
se fue quedando el corazón sin sangre,
la primavera se quedó sin hojas.

Por qué pasó todo esto en este día?
Por qué se equivocó de campanas?
O todo tiene que ser siempre así?

Cómo torcer, desembrollar el hilo,
ir remontando el sol hasta la sombra,
devolver luz hasta que la noche

solitary hearts,
queen or spade?

Someone look and tell me,
look at the game of time,
the hours of our life,
the playing cards of silence,
the shadow and its purpose,
and tell me what to play
to keep on losing.

✧✦✧✦✧✦✧✦✧✦

Day Dawns

Day dawns without debts,
without doubts,
and later
the day changes,
the wheel revolves,
the fire is transfigured.

Nothing is left
of what dawned, the earth consumed itself
grape by grape,
the heart was left without blood,
spring was left without leaves.

Why did all that happen this very day?
Why was it mistaken in its bells?
Or does everything always have to be so?

How to twist, unravel the thread,
keep on pushing the sun back to the shadow,
send back the light until the night

se embarace de nuevo con un día,
y que este día sea nuestro hijo,
interminable hallazgo, cabellera
del tiempo recobrado,
conquistado a la deuda y a la duda,
para que nuestra vida
sólo sea
una sola materia matutina,
una corriente clara.

La soledad

Lo que no pasó fue tan súbito
que allí me quedé para siempre,
sin saber, sin que me supieran,
como debajo de un sillón,
como perdido en la noche:
así fue aquello que no fue,
y así me quedé para siempre.

Pregunté a los otros después,
a las mujeres, a los hombres,
qué hacían con tanta certeza
y cómo aprendieron la vida:
en realidad no contestaron,
siguieron bailando y viviendo.

Es lo que no le pasó a uno
lo que determina el silencio,
y no quiero seguir hablando
porque allí me quedé esperando:
en esa región y aquel día

grows big again with day?
May this day be our child,
endless discovery, aura
of time recovered,
conquest of debt and doubt,
so that our life
may simply be
a pure morning substance,
a clear current.

❖❖❖❖❖❖❖❖

Solitude

The not-happening was so sudden
that I stayed there forever,
without knowing, without their knowing me,
as if I were under a chair,
as if I were lost in night.
Not being was like that,
and I stayed that way forever.

Afterwards, I asked the others,
the women, the men,
what they were doing so confidently
and how they learned how to live.
They did not actually answer.
They went on dancing and living.

What determines the silence
is what doesn't happen,
and I don't want to keep on talking,
for I stayed there waiting.
In that place, on that day,

no sé lo que me pasó
pero yo ya no soy el mismo.

❧❧❧❧❧❧❧❧❧❧

Por fin no hay nadie

Por fin no hay nadie, no, no hay voz ni boca,
no hay ojos, manos, pies: todos se fueron,
el día limpio corre con un aro,
el aire frío es un metal desnudo.
Sí, metal, aire y agua, y amarilla
inflorescencia, espesa en su racimo,
algo más, lo tenaz de su perfume,
el patrimonio puro de la tierra.

Dónde está la verdad? Pero la llave
se extravió en un ejército de puertas
y allí está entre las otras,
sin hallar
            nunca más
                       su cerradura.

Por fin,
por eso no hay dónde perder
la llave, la verdad ni la mentira.

Aquí
no hay calle, nadie tiene puertas,
sólo con un temblor se abre la arena.
Y se abre todo el mar, todo el silencio,
el espacio con flores amarillas;
se abre el perfume ciego de la tierra
y como no hay caminos
no vendrá nadie, sólo

I have no idea what happened to me,
but now I am not the same.

❀❀❀❀❀❀❀❀

At Last There Is No One

At last there is no one, no, no voice, no mouth,
no eyes, no hands, no feet; they all went away.
The clean day runs on like a hoop,
the cold air is naked metal.
Yes, metal, air and water, and a yellow
inflorescence, a thick cluster,
and something more, the persistence of its perfume,
pure patrimony of the earth.

Where is the truth? But the key
has got lost in an army of doors,
and it's there among the others,
without
       ever finding
             its lock again.

In the end,
for that reason there is nowhere to lose
the key, nor the truth, nor the lie.

Here
there is no street, no one has a door.
The sand opens up only to a tremor.
And the whole sea opens, the whole of silence,
space with its yellow flowers.
The blind perfume of the earth opens,
and since there are no roads,
no one will come, only

335 · Critical Sonata

la soledad que suena
con canto de campana.

◇◦◇◦◇◦◇◦◇◦◇◦◇

Tal vez tenemos tiempo

Tal vez tenemos tiempo aún
para ser y para ser justos.
De una manera transitoria
ayer se murió la verdad
y aunque lo sabe todo el mundo
todo el mundo lo disimula:
ninguno le ha mandado flores:
ya se murió y no llora nadie.

Tal vez entre olvido y apuro
un poco antes del entierro
tendremos la oportunidad
de nuestra muerte y nuestra vida
para salir de calle en calle,
de mar en mar, de puerto en puerto,
de cordillera en cordillera,
y sobre todo de hombre en hombre,
a preguntar si la matamos
o si la mataron otros,
si fueron nuestros enemigos
o nuestro amor cometió el crimen,
porque ya murió la verdad
y ahora podemos ser justos.

Antes debíamos pelear
con armas de oscuro calibre
y por herirnos olvidamos
para qué estábamos peleando.

solitude sounding
like the singing of a bell.

᚛ᚓᚌᚓᚌᚓᚌᚓᚌᚓ᚜
─────────────

Maybe We Have Time

Maybe we still have time
to be and to be just.
Yesterday, truth died
a most untimely death,
and although everyone knows it,
they all go on pretending.
No one has sent it flowers.
It is dead now and no one weeps.

Maybe between grief and forgetting,
a little before the burial,
we will have the chance
of our death and our life
to go from street to street,
from sea to sea, from port to port,
from mountain to mountain,
and, above all, from man to man,
to find out if we killed it
or if other people did,
if it was our enemies
or our love that committed the crime,
because now truth is dead
and now we can be just.

Before, we had to battle
with weapons of doubtful caliber
and, wounding ourselves, we forgot
what we were fighting about.

Nunca se supo de quién era
la sangre que nos envolvía,
acusábamos sin cesar,
sin cesar fuimos acusados,
ellos sufrieron, y sufrimos,
y cuando ya ganaron ellos
y también ganamos nosotros
había muerto la verdad
de antigüedad o de violencia.
Ahora no hay nada que hacer:
todos perdimos la batalla.

Por eso pienso que tal vez
por fin pudiéramos ser justos
o por fin pudiéramos ser:
tenemos este último minuto
y luego mil años de gloria
para no ser y no volver.

❀❀❀❀❀❀❀❀❀

El episodio

Hoy otra vez buenos días, razón,
como un antepasado y sin duda tal vez
como las que vendrán al trabajo mañana
con una mano toman la herramienta
y con todas las manos el decoro.

Sin ellos tambaleaban los navíos,
las torres no ocultaban su amenaza,
los pies se le enredaban al viajero:
ay, esta humanidad que pierde el rumbo
y vocifera el muerto, tirándola hacia atrás,
hacia la ineptitud de la codicia,

We never knew whose it was,
the blood that shrouded us,
we made endless accusations,
endlessly we were accused.
They suffered, we suffered,
and when at last they won
and we also won,
truth was already dead
of violence or old age.
Now there is nothing to do.
We all lost the battle.

And so I think that maybe
at last we could be just
or at last we could simply be.
We have this final moment,
and then forever
for not being, for not coming back.

❂❂❂❂❂❂❂❂

The Episode

Today, good morning once more, reason,
like an ancestor, or more probably
like those who will come to work tomorrow,
taking up their implements with one hand
and embracing pride with all their hands.

Without them, ships were staggering,
towers did nothing to conceal their threat,
the traveler was entwined in his own feet—
oh, this humanity, losing its direction!
The dead man shouts at leaving it all behind,
leaving it to the crudity of greed,

mientras el equilibrio se cubre con la cólera
para restituir la razón del camino.

Hoy otra vez, aquí me tienes, compañero:
con un sueño más dulce que un racimo
atado a ti, a tu suerte, a tu congoja.

Debo abolir orgullo, soledad, desvarío,
atenerme al recinto comunal y volver
a sostener el palio común de los deberes.

Yo sé que puedo abrir el delirio inocente
del casto ser perdido entre palabras
que dispone de entradas falsas al infierno,
pero para ese juego nacieron los saciados:
mi poesía es aún un camino en la lluvia
por donde pasan niños descalzos a la escuela
y no tengo remedio sino cuando me callo:
si me dan la guitarra canto cosas amargas.

1

Todos se preguntaron, qué pasó?

EL GRAN SILENCIO

Sin preguntar se preguntaban todos
y comenzó a vivirse en el veneno
sin saber cómo, de la noche al día.
Se resbalaba en el silencio como
si fuera nieve negra el pavimento,
los hambrientos oídos esperaban
un signo, y no se oía
sino un sordo rumor, y numeroso:
eran tantas ausencias que se unían
unas a otras como un agujero:
y otro agujero, y otro y otro y otro
van haciendo una red, y ésa es la patria:

while our balance is covered with a rage
to restore the path of reason.

Today again, here I am, comrade,
with a dream sweeter than fruit
that is fastened to you, to your fortune, to your anguish.

I have to get rid of pride, solitude, wildness,
take my stand on common ground, and go back
to maintaining the shelter of human obligations.

I know that I can bring out innocent joy
in pure creatures tangled up in words
who stumble on false entrances to hell,
but that is a function of the satiated.
My poetry is still a path through the rain
which barefoot children take on their way to school.
And I'm defeated only in silence.
If they give me a guitar, I sing of bitter things.

Everybody asked themselves: "What happened?"

THE GREAT SILENCE

Everybody asked themselves without asking
and a poisoned life began,
day and night, no one knew why.
He slithered in the silence
as if black snow lay on the sidewalk,
hungry ears were waiting for a sign,
and all that rose
was a faint, ubiquitous buzzing.
So many were missing that the holes they left
joined together, one to another:
and another hole, another and another,
form a net, and that's the country.

Sí, de pronto la patria fue una red,
todos fueron envueltos en vacío,
en una red sin hilos que amarraba
los ojos, los oídos y la boca
y ya nadie sintió porque no había
con qué sentir, la boca
no tenía derecho a tener lengua,
los ojos no debían ver la ausencia,
el corazón vivía emparedado.

Yo fui, yo estuve, yo toqué las manos,
alcé la copa de color de río,
comí el pan defendido por la sangre:
bajo la sombra del honor humano
dormí y eran espléndidas las hojas
como si un solo árbol resumiera
todos los crecimientos de la tierra
y fui, de hermano a hermano, recibido
con la nobleza nueva y verdadera
de los que con las manos en la harina
amasaron el nuevo pan del mundo.

Sin embargo, allí estaba en ese tiempo
la presencia pugnaz, aquella herida
de sangre y sombra que nos acompaña:
lo que pasó, el silencio y la pregunta
que no se abrió en la boca, que murió
en la casa, en la calle y en la usina.
Alguien fallaba, pero no podía
la madre, el padre, el hermano, la hermana,
mirar el hueco de la ausencia atroz:
el sitio del ausente era un estigma:
no podía mirar el compañero
o preguntar, sin convertirse en aire,
y pasar al vacío, de repente,
sin que nadie notara ni supiese.

Yes, suddenly the country was a net.
Everyone was wrapped in nothingness,
in a net without cords, which bound
eyes, ears, mouths.
Nobody could feel—
there was nothing left to feel with.
They had no right to a tongue,
eyes could not notice absences,
the heart was sandwiched in.

I went, I was there, I clasped hands,
I raised the river-colored cup,
I ate bread won by blood,
I slept in the shelter of human honor,
and the leaves were glorious in growth
as if one single tree contained
all the earth's growing,
and by every one of my brothers I was greeted
with the new and true nobility
of those who with their hands in the flour
provided the new bread of the world.

And yet, at that time, we felt among us
an angry presence, that wound
of blood and darkness in our midst—
all that took place, the silence and the question
that did not rise to the mouth, that died
in house, in street, in factory.
Someone was missing, but neither
mother nor father nor sister nor brother
could face the gap left by that bitter absence.
The absent one left a space like a scar.
Friends could not look or ask
without themselves turning into air,
disappearing suddenly into emptiness
with nobody noticing or knowing anything.

LA TRISTEZA

Oh gran dolor de una victoria muerta
en cada corazón! Estrangulados
por las lianas del miedo
que enlazaban la Torre del Reloj,
descendían los muros almenados
y entraban con la sombra a cada casa.

Ah tiempo parecido al agua cruel
de la ciénaga, al abierto pozo
de noche que se traga un niño:
y no se sabe y no se escucha el grito.
Y siguen en su sitio las estrellas.

EL MIEDO

Qué pasó? Qué pasó? Cómo pasó?
Cómo pudo pasar? Pero lo cierto
es que pasó y lo claro es que pasó,
se fue, se fue el dolor *a no volver:*
cayó el error en su terrible embudo,
de allí nació su juventud de acero.
Y la esperanza levantó sus dedos.
Ay sombría bandera que cubrió
la hoz victoriosa, el peso del martillo
con una sola pavorosa efigie!

Yo la vi en mármol, en hierro plateado,
en la tosca madera del Ural
y sus bigotes eran dos raíces,
y la vi en plata, en nácar, en cartón,
en corcho, en piedra, en cinc, en alabastro,
en azúcar, en piedra, en sal, en jade,
en carbón, en cemento, en seda, en barro,
en plástico, en arcilla, en hueso, en oro,
de un metro, de diez metros, de cien metros,
de dos milímetros en un grano de arroz,

SORROW

The great pain of a hollow victory
in every heart! Strangled
by the tentacles of fear
winding out from the Clock Tower
which crawled down the stony battlements
and found their way into every house, like shadows.

Oh, a time like the bitter waters
of the marshes, the open well
of night that swallows up a child—
no one knows, no one hears the scream.
And the stars stay where they are.

FEAR

What happened? What happened? How did it happen?
How could it happen? But certainly
it happened, it's very clear that it happened,
it was true, true, the pain of *not going back*.
Error fell in its terrible funnel,
and out of that came his steely youth.
And hope raised its fingers.
Oh, the gloomy flag, that covered over
the victorious sickle, the hammer's weight
with a single terrifying effigy!

I saw it in marble, in silvered iron,
in the coarse wood of the Urals,
and its mustaches were twin roots.
I saw it in silver, in mother-of-pearl, in cardboard,
in cork, in stone, in zinc, in alabaster,
in sugar, in bronze, in salt, in jade,
in coal, in cement, in silk, in earth,
in plastic, in clay, in bone, in gold,
a meter, ten meters, a hundred meters,
two millimeters, on a grain of rice,

de mil kilómetros en tela colorada.
Siempre aquellas estatuas estucadas
de bigotudo dios con botas puestas
y aquellos pantalones impecables
que planchó el servilismo realista.
Yo vi a la entrada del hotel, en medio
de la mesa, en la tienda, en la estación,
en los aeropuertos constelados,
aquella efigie fría de un distante:
de un ser que, entre uno y otro movimiento,
se quedó inmóvil, muerto en la victoria.
Y aquel muerto regía la crueldad
desde su propia estatua innumerable:
aquel inmóvil gobernó la vida.

NO PUEDE SER

No puede el hombre hacerse sin peligro
monumento de piedra y policía.
Y así pasó con él, con este grande
que comenzó a crecerse por decreto.
Y cuando poco a poco se hizo témpano,
fue congelando su alma enrarecida
por la impecable soledad del frío
y así aquel ingeniero del amor
construyó el pabellón de la desdicha.
Beria y los desalmados bandoleros
lo crearon a él o él los creó?

EL TERROR

La criatura del terror esconde
el eclipse, la luna, el sol maldito
de su progenitura ensangrentada
y el Dios demente incuba los castigos:
un ejército pálido de larvas
corren con ciegos ojos y puñales
a ejercitar el odio y la agonía,

a thousand kilometers, in colored silk.
Always those stucco statues
of the mustachioed god with his boots on
and his immaculate breeches
ironed by a real slavery.
I saw it in the lobbies of hotels,
on tables, in stores, in stations,
in the bright lights of airports,
that effigy, cold, distant,
effigy of one who, in the midst of movement,
remained still, dead in the midst of victory.
That dead one administered the rule of cruelty
from his ubiquitous statue.
That still effigy controlled all life.

IT CANNOT BE

No man can risk making himself
into a monument, half stone, half police.
That's what happened to him, that great figure
who spread his presence by decree.
When bit by bit he had grown to be an iceberg,
his exceptional nature had been frozen
by the very nature of the cold itself,
and hence he who had manipulated love
raised a monument of misery.
Was it Beria and his ruthless agents
who brought him into being, or he them?

THE TERROR

The child of terror hides
the eclipse, the moon, the accursed sun
of his bloodstained progeny,
and a mad God hatches the sentences—
a pallid army of larvae
mill about, blind of eye and fist,
giving lessons in hate and agony,

347 · *Critical Sonata*

y allí donde pasaron no quedó
ni libro, ni retrato, ni recuerdo:
hasta al niño sin voz le fue ordenado
nuevo nombre y escuela de suplicios.

Mientras tanto en su torre y en su estatua
el hombre del pavor sentía miedo:
sentía sombra dura y amenaza:
sentía la silbante soledad.

SUS VACACIONES

Y hacia el sur, hacia el Cáucaso partía
desconocidamente, entre tinieblas,
buscando el mismo sol que nos negaba:
la luz de los capítulos georgianos:
(tal vez allí su infancia regresó
al torvo subterráneo de su vida)
(tal vez allí entre el miedo y la verdad
se hizo aquella pregunta que nos hiere:
Qué pasa? Qué pasó?) (Y tal vez el padre
del miedo no encontró respuesta.)

EL SUR DONDE NACIÓ

De allí, de aquella luminosa miel,
de la palpitación de las abejas,
del mediodía estático, agua y cielo,
espléndido fulgor, piedra y follaje,
de allí salió su juventud de acero.
Cuanto aprendió, palabra,
acción abierta o lucha clandestina,
fue forjado entre muchos, como se hace
de organismo o de planta la estructura,
y esta familia humana tuvo padres,
hermanos, hijos, náufragos, victorias,
bandera, reunión, grito, doctrina,
hasta que fue tan serio como el rayo.

and in their wake, nothing remains,
neither book, nor picture, nor memory.
Even the innocent child had to have
a new name and lessons in death.

Meanwhile, in his tower, in his statue,
the man of terror felt his own fear,
the hard, threatening shadows,
the thin whistle of solitude.

HIS VACATION

And south, south to the Caucasus he would go
incognito, under cover of twilight,
seeking the same sun that he denied us,
the light of his Georgian days.
(Perhaps there his childhood became
once again a grim underworld,
perhaps there, in between fear and truth,
he asked himself the question tormenting us:
What's happening? What happened? And perhaps
the founder of fear found no answer.)

THE SOUTH, HIS BIRTHPLACE

From that place, that glowing honey,
that agitation of the bees,
standstill of noon, water, and sky,
a vivid aura, stone and green growth,
from that place came his steeled youth.
Whatever he learned, words,
overt action, or underground struggle,
was forged out of many men, just as
structure emerges from organism or plant,
and that human family had fathers,
brothers, sons, refugees, victories,
a flag, meetings, a cry, a doctrine—
serious as a thunderbolt.

349 · *Critical Sonata*

Y cayó el árbol muerto del pasado.

Él encarnó la dirección del día
cuando pidió opiniones a la luz
y su sabiduría fue prestada
como a todos los hombres: si se deja
olvidada como una vestidura
vuelve a ser otra vez un ser desnudo
y su pasión tendrá premio o castigo.

ERA OTRO

Así pasó con él, cuando tomó
en sus manos las manos colectivas,
cuando agregó su paso al de los hombres,
cuando no vino como el rey de espadas
en la baraja, cruel y constelado.

LA GUERRA

En la guerra alzó sobre los hombros
como estática proa y la victoria
lo subió aún y así quedó en su altura
inmóvil, victorioso y separado.

El alma a plena luna se congela:
nada crece en su espejo desolado
sino la propia imagen, el circuito
de un solo polo, de una dimensión,
y la esfera implacable de la nieve.

EL DOLOR

Así se forma el alma enrarecida:
con espejo, con nadie, con retrato,
sin hombres, sin Partido, sin verdad,
con susurro, con celos, con distancia,
sin compañero, sin razón, sin canto,

And down came the dead tree of the past.

From him, the day took its direction
whenever he sought counsel of the light,
and his wisdom was handed out
as if to all men. If that
can be forgotten like a uniform,
he becomes again a naked being,
his passions praised or castigated.

HE WAS OTHERWISE

That happened to him, when he took
in his own hands the hands of everyone,
when he matched his step to that of others,
when he did not appear, like the king of spades
in the pack, cruel and starred.

THE WAR

In the war he stood out, head and shoulders,
a bright ship's figurehead, and victory
raised him still higher, and there he stayed,
unmoving, victorious, and apart.

At full moon, the spirit freezes over.
Nothing grows in its desolate mirror
but its own image, the circling
round a single pole, in one dimension,
and the implacable sphere of snow.

PAIN

So starts out the estrangement of the spirit:
with a mirror, with no one, with a portrait,
no men, no Party, no truth,
whispers, jealousies, aloofness,
no companions, no meaning, no singing,

con armas, con silencio, con papeles,
sin pueblo, sin consulta, sin sonrisa,
con espías, con sombras y con sangre,
sin Francia, sin Italia, sin claveles,
con Berias, con sarcófagos, con muertos,
sin comunicación, sin alegría,
con mentirosos látigos y lenguas,
sin comunicación, sin alegría,
con la imposición y la crueldad,
sin saber cuándo cortan la madera,
con la soberbia triste, con la cólera,
sin compartir el pan y la alegría,
con más y más y más y más y más
y sin nadie, sin nadie, sin ninguno,
con las puertas cerradas y con muros,
sin el pueblo de las panaderías,
con cordeles, con nudos, con ausencia,
sin mano abierta, sin flor evidente,
con ametralladora, con soldados,
sin la contradicción, sin la conciencia,
con destierro, con frío, con infierno,
sin ti, sin alma, solo, con la muerte.

NOSOTROS CALLÁBAMOS

Saber es un dolor. Y lo supimos:
cada dato salido de la sombra
nos dio el padecimiento necesario:
aquel rumor se transformó en verdades,
la puerta oscura se llenó de luz,
y se rectificaron los dolores.
La verdad fue la vida en esa muerte.
Era pesado el saco del silencio.

Y aún costaba sangre levantarlo:
eran tantas las piedras del pasado.

arms, silences, papers,
no people, no discussion, no smiles,
spies, shadows, and blood,
no France, no Italy, no carnations,
Berias, sarcophagi, the dead,
no communication, no joy,
on all sides the lashing of lying tongues,
no communication, no joy,
the iron hand and the cruelty,
not knowing when the wood was being cut,
the sorrows of pride, the rage,
sharing neither bread nor well-being,
with more and more and more and more and more,
and with no one, no one, not a single soul,
with closed doors and walls,
none of the people from the bakeries,
bonds, knots, and absences,
no open hand, no proffered flower,
machine guns and soldiers,
no contradiction, no conscience,
exile, cold, an inferno,
no you, no spirit, alone, alone with death.

WE KEPT OUR SILENCE

Knowing is painful. And we knew.
Every fact that filtered from the shadows
put us through an inevitable suffering.
These rumors turned into truths,
the dark threshold filled with light,
and the sufferings were put right.
Truth was the life that came out of that death.
It was heavy, the great load of silence.

And still it cost blood to bear it up,
so many were the hard stones of the past.

Pero fue así de valeroso el día:
con un cuchillo de oro abrió la sombra
y entró la discusión como una rueda
rodando por la luz restituida
hasta el punto polar del territorio.

Ahora las espigas coronaron
la magnitud del sol y su energía:
de nuevo el camarada respondió
a la interrogación del camarada.
Y aquel camino duramente errado
volvió, con la verdad, a ser camino.

LOS COMUNISTAS

Los que pusimos el alma en la piedra,
en el hierro, en la dura disciplina,
allí vivimos sólo por amor
y ya se sabe que nos desangramos
cuando la estrella fue tergiversada
por la luna sombría del eclipse.

Ahora veréis qué somos y pensamos.
Ahora veréis qué somos y seremos.

Somos la plata pura de la tierra,
el verdadero mineral del hombre,
encarnamos el mar que continúa:
la fortificación de la esperanza:
un minuto de sombra no nos ciega:
con ninguna agonía moriremos.

MIS ENEMIGOS

En cuanto a mí voy a agregar un árbol
a la extensión de la intemperie invicta:
voy a hablar de mí mismo y de los nombres
que me determinaban a la muerte,

But that was such a day of triumph!
The darkness was slashed with a golden knife
and talk started up like a wheel
spinning in the restored light
to the far poles of the land.

Now flowers crowned
the vastness of the sun and its energy.
Once more, comrades answered
the questions of other comrades.
And that path, which had wandered gravely,
went back, with the truth, to being a path.

THE COMMUNISTS

We who put our spirit into stone,
into iron, into a hard discipline,
we lived out of love alone,
and it's well known that we bled
when the star was distorted
by the somber moon of the eclipse.

Now you'll see who we are and what we think.
Now you'll see what we are and will become.

We are the pure silver of earth,
the true mineral in man.
We embody the endless motion of the sea,
the strengthening of all hope.
A moment in the dark does not blind us.
We will die with no agony at all.

MY ENEMIES

For my part, I'm going to add one tree
to the spread of the persistent bad weather.
I'm going to mention myself, and these names
that marked me out for death,

de los que no me amaban y esperaron
que cayera el planeta y me aplastara.

LOS LOBOS SE ACERCARON

Ya cuando los metales de la aurora,
piedra, nieve, jacinto, miel, arena,
se oscurecieron en la fortaleza
porque la historia se apagó un minuto,
ellos vinieron contra mí y los míos
a picar mi cabeza contra el suelo
creyéndose ellos vivos y yo muerto,
creyéndose tal vez reivindicados
de sus clasificadas agonías
creándose un minuto de durar
en el pobre pasado del recuerdo.

SIN ORGULLO

Ni jactancia ni duelo ni alegría
en esta hora a los que no la vieron
dejaré en estas hojas transversales,
bastó vivir y ver para cantar
y dónde pudo dirigirse el canto?

FUIMOS LEALES

El viento del amor lo dirigía
y no buscó los capiteles rotos,
las estatuas podridas por el polvo,
las gusaneras de la alevosía,
ni buscó por error la patria muerta:
fue rechazado por los alfileres
y volvió a la garganta, sin nacer,
sin conocer la luz del nacimiento.

those who did not love me, and hoped
the planet would fall and crush me.

THE WOLVES CAME CLOSER

When the metals of dawn,
stone, snow, hyacinth, honey, sand,
faded out in the fortresses,
with history extinguished for a moment,
they moved against me and my people
to beat my head on the ground,
thinking themselves alive and me dead,
perhaps thinking themselves vindicated
by their long lists of agonies,
making for themselves a moment of permanence
in the feeble passing of memory.

WITHOUT PRIDE

Of that time, for those who did not witness it,
I will leave in these passing pages
no boasts, no agonies, no joy.
To live through it was enough to make me sing,
but where could my song have gone?

WE WERE LOYAL

The wind of love took charge of it.
It did not seek out broken towers,
statues crumbled to dust,
treacherous nests of worms,
nor, in error, my dead country.
It was rejected tentatively
and went back to being sung, without being born,
without knowing its own birth-light.

NO NOS VENDEMOS

No servían los límites cercados
por el patrón de las ganaderías:
ni el sobresalto de los mercaderes
empollando en la sombra huevos de oro
y no podían, con la ley del alma,
empeñarse en la cifra y las monedas.

LA POESÍA

Así el poeta escogió su camino
con el hermano suyo que apaleaban:
con el que se metía bajo tierra
y después de pelearse con la piedra
resucitaba sólo para el sueño.

EL POETA

Y también escogió la patria oscura,
la madre de frejoles y soldados,
de callejones negros en la lluvia
y trabajos pesados y nocturnos.

Por eso no me esperen de regreso.

No soy de los que vuelven de la luz.

NO, SEÑORES

Es en vano que acechen los que esperan
que yo me ponga en la esquina a vender
mis armas, mi razón, mis esperanzas.
Escuché cada día la amenaza,
la seducción, la furia, la mentira,
y no retrocedí desde mi estrella.

WE ARE NOT FOR SALE

Useless, the confining limits laid down
by the landlords of great ranches;
useless, the frantic machinations of merchants
hatching their golden eggs in the gloom:
laws of the spirit would not permit
selling out to coins and countinghouses.

POETRY

And so the poet threw in his lot
with his brother whom they had beaten,
with those who worked underground,
and, after struggling with stone,
came to life again, alone, to go to sleep.

THE POET

And he also chose his shuttered country,
mother of beans and soldiers,
of dark alleyways in the rain,
and hard, nocturnal labors.

So please don't expect me back.

I am not one of those who comes back from the light.

NO, MY FRIENDS

In vain do they spy on me, those who wait
for me to stand on the corner, selling
my weapons, my thoughts, my hopes.
Every day I listened to the threats,
the bribes, the rages, the lies,
and I didn't retreat from my star.

EL HONOR

Aquí cerca del mar parece vano
cuanto el rencor traía y devolvía,
pero los que mañana con los ojos
de otra edad mirarán esta frontera
de mi vida y mi muerte, encontrarán
que en el honor encontré la alegría.

EL MAL

Busca el hombre acosado en sus errores,
en su debilidad conmovedora,
alguien a quien sacrificar el peso
de lo que sin examen soportó,
y entonces esa piedra que llevaba
la arroja al que va abriéndole el camino.

Yo recibí en mi frente la pedrada.

Mi herida es el recuerdo de mi hermano:
del hombre que me amó sin encontrar
otro modo de hablarme sino herirme,
del hombre que me odió sin conocer
que en la luz asumí su oscuridad
y mi batalla fue por sus dolores.

NO ME RINDO

Todos ellos quisieron que bajara
de la altura mi abeja y mi bandera
y que siguiendo el signo del crepúsculo
declarara mi error y recibiera
la condecoración del renegado.

Y en ese trance el crítico vetusto
implantó contra mí la guillotina,
pero no fue bastante ni fue poco

HONOR

Here beside the sea it all seems useless,
so much trafficking in ill will;
but those who will look tomorrow
with the eyes of a different age
on this frontier of my life and my death
will see that in honor itself I found my joy.

EVIL

Harried by his errors, man
in his sad, enfeebled state looks for someone
on whom he can unload the weight
of all he bears unquestioningly,
and then he hurls the stone he has been carrying
at the one who is opening a path for him.

I caught that stone on my forehead.

My wound is a memory of my brother
who loved me without finding any way
of talking to me without wounding me,
a man who hated me, unaware
that in the light I took on his darkness,
and the battle I fought was for his grief.

I'M NOT GIVING UP

All of them wanted
my bee and my banner to fall from the heights,
and that, taking example from the twilight,
I should admit my error and receive
due recognition as a renegade.

And at that late date, my doddering critic
set up a guillotine for me.
It was no small matter, but it wasn't enough,

y, como si yo fuera una república
de repentina ráfaga insurgente,
tocaron el clarín contra mi pecho
y acudieron minúsculos gusanos
al orinal en que se debatía
en su propio pipí Pipipaseyro.

AQUÍ ESTOY

Limpio es el día que lavó la arena,
blanca y fría en el mar rueda la espuma,
y en esta desmedida soledad
se sostiene la luz de mi albedrío.

Pero este mundo no es el que yo quiero.

ESPAÑA 1964

Las palabras del muro están escritas
en la pared y al último banquete
llegan los platos con manchas de sangre.
Se sienta Franco a la mesa de España,
encapuchado, y roe sin descanso
agregando aserrín a su huesera
y los encarcelados, los que ataron
la última rosa al fusil y cantaron
en la prisión, aúllan, y es el coro
de la cárcel, el alma amordazada
que se lamenta, cantan las cadenas,
aúlla el corazón sin su guitarra,
la tristeza camina por un túnel.

LA TRISTEZA

Cuando yo abrí los ojos a este mundo
y recibí la luz, el movimiento,
la comida, el amor y la palabra,
quién me diría que en todos los sitios

and as if I were a republic
suddenly exploding into revolution,
the bugle was sounded against me
and tiny worms arrived
at the piss-house, where Pipipaseyro
held court in his own piss.

HERE I AM

Clean is the day, the sand washed clean,
white and cold, the foam rolls in the sea,
and in that immeasurable solitude
it keeps on burning, the light of my freedom.

But this world is not the one I want.

SPAIN 1964

The stony words are written
on the wall and at the last banquet
the plates come stained with blood.
Franco sits down at the table of Spain,
hooded, gnawing away endlessly,
adding sawdust to his bone-house,
and those in prison, those who tied
the last rose to their rifles and sang
in prison, cry out now,
and it's a chorus from jail, the gagged spirit
which is mourning, the chains sing,
the heart cries out without its guitar,
sorrow wanders in a tunnel.

SORROW

When I opened my eyes to this world
and received light and movement,
food, love, and language,
how could I know that everywhere

rompe el hombre los pactos de la luz,
construye y continúa los castigos.
Mi América a la piedra del pesar
encadenó torvamente a sus hijos
y sin cesar atormentó a su estirpe.

LOS TIRANOS DE AMÉRICA

Y yo anduve mi vida entre los míos,
entre los desterrados y los muertos,
desperté al carcelero preguntando
el nombre de mi hermano sumergido
y a veces la respuesta era un silencio
de pozo, de entreabierta sepultura,
de padre y madre para siempre mudos.

Me quemé el corazón con este fuego
de honor invicto y dedos derrotados
como si yo debiera acumular
sangre de malheridos ecuadores
y siempre no ser yo sino los otros:
éstos que soy también sin alegría:
porque como arrabal deshabitado
mi canto se llenó de prisioneros.

LOS "PUROS"

Me di cuenta que el hombre transitorio
reclama soledad para el que canta,
lo ha destinado a torre del desierto
y no acepta su grave compañía.
Lo quiero solo, atormentado y ciego.
Espera la cosecha tenebrosa
de las uvas del miedo y de la angustia,
quiere la eternidad del pasajero,
no reconoce en él sus propias manos,
ni la propia miseria que lo envuelve,

man breaks his agreements with the light,
sets up and perpetuates punishment.
My America chained its children
brutally to the stone of grief
and endlessly tormented its own peoples.

THE TYRANTS OF AMERICA

I passed my life among my own people,
among exiles and the dead.
I woke up the jailer, asking for the name
of my missing brother,
and sometimes the answer was the silence
of a well, of a half-open grave,
of a father and mother struck dumb forever.

My heart burned with this fire
of unquenched honor and torn fingers
as if I had to gather up
blood of the battered equators
and always be, not myself, but other people,
those who I also am, without joy,
since, from an empty wasteland,
my poetry filled up with prisoners.

THE PURE SPIRITS

I realized that the man in the street
insists on solitude for the one who writes.
He's appointed him to a tower in the desert
and doesn't want his serious company.
I treasure him alone, distressed, and blind.
He waits for the darkening harvest
of the grapes of fear and anguish,
he loves the eternity that travelers feel,
he does not recognize his own hands
nor his own misery, which envelops him,

y en la profundidad que preconiza
quiere olvidar la incertidumbre humana.

LOS PUEBLOS

Mientras tanto, las tribus y los pueblos
arañan tierra y duermen en la mina,
pescan en las espinas del invierno,
clavan los clavos en sus ataúdes,
edifican ciudades que no habitan,
siembran el pan que no tendrán mañana,
se disputan el hambre y el peligro.

❀❀❀❀❀❀❀❀❀

No es necesario

No es necesario silbar
para estar solo,
para vivir a oscuras.

En plena muchedumbre, a pleno cielo,
nos recordamos a nosotros mismos,
al íntimo, al desnudo,
al único que sabe cómo crecen sus uñas,
que sabe cómo se hace su silencio
y sus pobres palabras.
Hay Pedro para todos,
luces, satisfactorias Berenices,
pero, adentro,
debajo de la edad y de la ropa,
aún no tenemos nombre,
somos de otra manera.
No sólo por dormir los ojos se cerraron,
sino para no ver el mismo cielo.

and in the contemplation he embraces
he wants to forget human uncertainties.

THE PEOPLE

Meanwhile, tribes and peoples
scratch at the soil and sleep in the mines,
fish through the spiky winter,
nail down their own coffins,
build cities which they do not live in,
sow bread that will not be theirs tomorrow,
struggle with hunger and danger.

❖❘❖❘❖❘❖❘❖❘❖

It Is Not Necessary

It is not necessary to whistle
to be alone,
to live in the dark.

Out in the crowd, under the wide sky,
we remember our separate selves,
the intimate self, the naked self,
the only self who knows how his nails grow,
who knows how his own silence is made
and his own poor words.
There is a public Pedro,
seen in the light, an adequate Berenice,
but inside,
underneath age and clothing,
we still don't have a name,
we are quite different.
Eyes don't close only in order to sleep,
but so as not to see the same sky.

Nos cansamos de pronto
y como si tocaran la campana
para entrar al colegio,
regresamos al pétalo escondido,
al hueso, a la raíz semisecreta
y allí, de pronto, somos,
somos aquello puro y olvidado,
somos lo verdadero
entre los cuatro muros de nuestra única piel,
entre las dos espadas de vivir y morir.

○┼○┼○┼○┼○┼○┼○

Atención al Mercado

Atención al Mercado,
que es mi vida!

Atención al Mercado,
compañeros!

Cuidado con herir
a los pescados!
Ya a plena luna, entre las traiciones
de la red invisible, del anzuelo,
por mano de pescante pescador
fallecieron, creían
en la inmortalidad
y aquí los tienes
con escamas y vísceras, la plata con la sangre
en la balanza.

Cuidado con las aves!
No toques esas plumas
que anhelaron el vuelo,

We soon grow tired,
and as if they were sounding the bell
to call us to school,
we return to the hidden flower,
to the bone, the half-hidden root,
and there we suddenly are,
we are the pure, forgotten self,
the true being
within the four walls of our singular skin,
between the two points of living and dying.

***

Look to the Market

Look to the market!
It's my whole life!

Look to the market,
my friends!

Take care not to hurt
the fish!
Already, at full moon, through
the deceptions of the invisible net, the fishhook,
the hand of the casting fisherman,
they died. They believed
in immortality
and here they are,
all skin and guts, silver and blood
on the scales.

Watch out for the birds!
Don't touch those feathers
which pined for flight,

el vuelo
que tú también, tu propio
pequeño corazón se proponía.
Ahora son sagradas:
pertenecen
al polvo de la muerte y al dinero:
en esa dura paz ferruginosa
se encontrarán de nuevo con tu vida
alguna vez pero no vendrá nadie
a verte muerto, a pesar de tus virtudes,
no pondrán atención en tu esqueleto.

Atención al color de las naranjas,
al esencial aroma de la menta,
a la pobre patata en su envoltorio,
atención
a la verde
lechuga presurosa,
al afilado ají con su venganza,
a la testicularia berenjena,
al rábano escarlata, pero frío,
al apio que en la música se enrosca.

Cuidado con el queso!
No vino aquí sólo para venderse:
vino a mostrar el don de su materia,
su inocencia compacta,
el espesor materno
de su geología.

Cuidado cuando llegan las castañas,
enmaderadas lunas del estuche
que fabricó el otoño a la castaña,
a la flor de la harina que aprisiona
en cofres de caoba invulnerable.

Atención al cuchillo de Mercado
que no es el mismo de la ferretería:

flight
which you too, in your own
little heart, have longed for.
Now they are sacred.
They belong
to the rubble of death, to money.
In that hard rust-colored peace,
they will enter your life again
sometime, but nobody will come
to see you dead, in spite of all your virtues,
or pay much attention to your skeleton.

Look to the color of the oranges,
the fundamental scent of mint,
the poor potato in its shroud.
Look to
the green
and sudden lettuce,
the sharp pepper, ripe for revenge,
the ball-bag of the eggplant,
the radish, scarlet and cold,
celery coiled in its own music.

Careful of the cheese!
It didn't come here just to be sold;
it came to show us the gift of its substance,
its tidy innocence,
the motherly bulge
of its geology.

Be careful when the chestnuts arrive,
little wooden moons, containers
which autumn crafted
for the flowering food enclosed
in these sealed mahogany chests.

Watch out for knives in the market,
they're not like the knives in the hardware store

antes estaba ahogado
como el pez, detenido en su paquete,
en la centena de igualdad tremenda:
aquí en la feria brilla y canta y corta,
vive otra vez en la salud del agua.

Pero si los frejoles
fueron bruñidos por la madre suave
y la naturaleza
los suavizó como a uñas de sus dedos,
luego los desgranó y a la abundancia
le dio multiplicada identidad.

Porque si las gallinas
de mano a mano cruzan y aletean
no es sólo cruel la petición humana
que en el degüello afirmará su ley,
también en los cepillos espinosos
se agruparán las zarzas vengativas
y como espinas picarán los clavos
buscando a quien pudieran coronar
con martirio execrable y religioso.

Pero ríe el tomate a todo labio.
Se abunda, se desmaya la delicia
de su carne gozosa
y la luz vertical entra a puñales
en la desnuda prole tomatera,
mientras la palidez de las manzanas
compite con el río de la aurora
de donde sale el día a su galope,
a su guerra, a su amor, a sus cucharas.

No olvido los embudos,
ellos son el olvido del guerrero,
son los cascos del vino,
siempre beligerante, ronco y rojo,
nunca por enemigos desarmado,

which look like drowned fish
wrapped and packaged,
hundreds of an overwhelming sameness;
here in the market they shine and sing and slice,
alive once again in the well-being of water.

But if the beans
were polished by a benign mother
and nature
buffed them like fingernails,
it later unshelled them all and gave them
an abundant identity.

For if the hens
go fluttering from hand to hand,
it is not just the cruelty of human need,
laying down its law by cutting their throats;
the vengeful blackberries will also gather
in thorny brushes
and cloves will sting like thorns,
looking for someone they can crown
with a dreadful, holy martyrdom.

The tomato, however, grins broadly.
The delight of its joyful flesh
abounds and astounds,
and the vertical light pierces it,
naked and childlike on the stall,
while the pallor of the apples
competes with the river of dawn
from which the day comes, galloping
to its wars, to its loves, to its spoons.

I don't forget the funnels.
They bring oblivion to warriors.
They are helmets for wine,
which is always belligerent, raucous, red,
never brought down by enemies,

sin que olvide jamás el primer paso
que diera descendiendo
la pequeña montaña del embudo.
Aún recuerda el corazón purpúreo
el vino que baja del tonel
como desde un volcán el suave fuego.

El Mercado, en la calle,
en el Valparaíso serpentino,
se desarrolla como un cuerpo verde
que corre un solo día, resplandece,
y se traga la noche
el vegetal relámpago
de las mercaderías,
la torpe y limpia ropa
de los trabajadores,
los intrincados puestos
de incomprensibles hierros:
todo a la luz de un día:
todo en la rapidez desarrollado,
desgranado, vendido, transmitido
y desaparecido como el humo.
Parecían eternos los repollos,
sentados en el ruedo de su espuma
y las peludas balas
de las indecorosas zanahorias
defendían tal vez el absoluto.

Vino una vieja, un hombre pequeñito,
una muchacha loca con un perro,
un mecánico de la refinería,
la textil Micaela, Juan Ramírez,
y con innumerables Rafaeles,
con Marías y Pedros y Matildes,
con Franciscos, Armandos y Rosarios,
Ramones, Belarminos,
con los brazos del mar y con las olas,

never forgetting its first step
down the small mountain
of the wine funnel.
Wine still recalls its purple substance
descending from the tunnel
as smooth fire spills from a volcano.

The market in the streets
of serpentine Valparaiso
unwinds like a green body
which lasts a single day, shining,
and then night swallows up
the vegetable lightning
of the merchandise,
the awkward, clean clothes
of those who work there,
the elaborate stalls
of incomprehensible metal—
all in the light of a single day,
everything unwrapped in a rush,
scattered, sold, passed on,
and gone, like smoke.
The cabbages seemed eternal,
squatting on their foamy roundness,
and the shaggy bales
of untidy carrots
perhaps stood for the Absolute.

After they passed,
an old woman, a little man,
a crazy girl with a dog,
a mechanic from the refinery,
Micaela from textiles, Juan Ramírez,
innumerable Rafaels,
Marías, Pedros, Matildes,
Franciscos, Armandos, Rosarios,
Ramóns, Belarminos,
with sea-arms, with waves,

con la crepitación, con el estímulo
y con el hambre de Valparaíso
no quedaron repollos ni merluzas:
todo se fue, se lo llevó el gentío,
todo fue boca a boca descendido
como si un gran tonel se derramara
y cayó en la garganta de la vida
a convertirse en sueño y movimiento.

Termino aquí, Mercado. Hasta mañana.
Me llevo esta lechuga.

✷✷✷✷✷✷✷✷

La memoria

Tengo que acordarme de todos,
recoger las briznas, los hilos
del acontecer harapiento
y metro a metro las moradas,
los largos caminos del tren,
la superficie del dolor.

Si se me extravía un rosal
y confundo noche con liebre
o bien se me desmoronó
todo un muro de la memoria
tengo que hacer de nuevo el aire,
el vapor, la tierra, las hojas,
el pelo y también los ladrillos,
las espinas que me clavaron,
la velocidad de la fuga.

Tengan piedad para el poeta.

with the sharpness, with the urges,
with the hungers of Valparaiso,
no cabbage or fish was left.
Everything went, the crowd carried it off.
Everything passed down from mouth to mouth,
as if a huge tunnel overflowed,
and slipped down the throat of life
to change into sleep and movement.

I'm stopping here, Market. See you tomorrow.
I'm taking along this lettuce.

⬦⬦⬦⬦⬦⬦⬦⬦⬦⬦

Memory

I have to remember everything,
keep track of blades of grass, the threads
of all untidy happenings,
the resting places, inch by inch,
the infinite railroad tracks,
the surfaces of pain.

If I were to misplace one rosebud
and confuse night with a hare,
or even if one whole wall
of my memory were to disintegrate,
I am obliged to make over the air,
steam, earth, leaves,
hair, even the bricks,
the thorns which pierced me,
the speed of flight.

Be gentle with the poet.

377 · *Critical Sonata*

Siempre olvidé con avidez
y en aquellas manos que tuve
sólo cabían inasibles
cosas que no se tocaban,
que se podían comparar
sólo cuando ya no existían.

Era el humo como un aroma,
era el aroma como el humo,
la piel de un cuerpo que dormía
y que despertó con mis besos,
pero no me pidan la fecha
ni el nombre de lo que soñé,
ni puedo medir el camino
que tal vez no tiene país
o aquella verdad que cambió
que tal vez se apagó de día
y fue luego luz errante
como en la noche una luciérnaga.

❀❀❀❀❀❀❀❀❀

El largo día jueves

Apenas desperté reconocí
el día, era el de ayer,
era el día de ayer con otro nombre,
era un amigo que creí perdido
y que volvía para sorprenderme.

Jueves, le dije, espérame,
voy a vestirme y andaremos juntos
hasta que tú te caigas en la noche.
Tú morirás, yo seguiré

I was always quick to forget,
and those hands of mine
could only grasp intangibles,
untouchable things
which could only be compared
when they no longer existed.

The smoke was an aroma,
the aroma something like smoke,
the skin of a sleeping body
which came to life with my kisses;
but don't ask me the date
or the name of what I dreamed—
nor can I measure the road
which may have no country
or that truth that changed
or perhaps turned off by day
to become a wandering light,
a firefly in the dark.

❖❖❖❖❖❖❖❖

The Long Day Called Thursday

Hardly had I wakened than I recognized
the day. It was yesterday,
it was yesterday with another name,
a friend I thought was lost
who came back to surprise me.

Thursday, I told it, wait for me.
I'm going to dress and we'll go out together
until you disappear into night.
You'll die, I will go on

despierto, acostumbrado
a las satisfacciones de la sombra.

Las cosas ocurrieron de otro modo
que contaré con íntimos detalles.

Tardé en llenarme de jabón el rostro
—qué deliciosa espuma
en mis mejillas—,
sentí como si el mar me regalara
blancura sucesiva,
mi cara fue sólo un islote oscuro
rodeado por ribetes de jabón
y cuando en el combate
de las pequeñas olas y lamidos
del tierno hisopo y la afilada hoja
fui torpe y de inmediato,
malherido,
malgasté las toallas
con gotas de mi sangre,
busqué alumbre, algodón, yodo, farmacias
completas que corrieron a mi auxilio:
sólo acudió mi rostro en el espejo,
mi cara mal lavada y mal herida.

El baño
me incitaba
con prenatal calor a sumergirme
y acurruqué mi cuerpo en la pereza.

Aquella cavidad intrauterina
me dejó agazapado
esperando nacer, inmóvil, líquido,
substancia temblorosa
que participa de la inexistencia
y demoré en moverme
horas enteras,

awake, and accustomed
to the satisfactions of dark.

But things happened differently,
as I shall tell in intimate detail.

I lingered, lathering my face.
What a pleasure to feel
the foam on my cheeks!
I felt the sea was giving me a present
of a running whiteness.
My face was a separate, vague island
rimmed round by soap reefs,
and when, during the struggle
of the small waves and the strokes
of warm brush and sharpened blade,
I was careless and all at once
badly wounded,
I stained the towels
with drops of my own blood.
I called for styptic, cotton, iodine,
for whole pharmacies to run to help me.
The only response was my face in the mirror,
badly washed, badly wounded.

My bath
encouraged me
with prenatal warmth to submerge myself,
and my body curled up lazily.

That womb
kept me curled up,
waiting to be born, still and liquid,
a flabby substance
enmeshed in nonexistence,
and I put off getting out
for hours on end,

estirando las piernas con delicia
bajo la submarina caloría.

Cuánto tiempo en frotarme y en secarme,
cuánto una media después de otra media
y medio pantalón y otra mitad,
tan largo trecho me ocupó un zapato
que cuando en dolorosa incertidumbre
escogí la corbata, y ya partía
de exploración, buscando mi sombrero,
comprendí que era demasiado tarde:
la noche había llegado
y comencé de nuevo a desnudarme,
prenda por prenda, a entrar entre las sábanas,
hasta que pronto me quedé dormido.

Cuando pasó la noche y por la puerta
entró otra vez el jueves anterior
correctamente transformado en viernes
lo saludé con risa sospechosa,
con desconfianza por su identidad.
Espérame, le dije, manteniendo
puertas, ventanas plenamente abiertas,
y comencé de nuevo mi tarea
de espuma de jabón hasta sombrero,
pero mi vano esfuerzo
se encontró con la noche que llegaba
exactamente cuando yo salía.
Y volví a desvestirme con esmero.

Mientras tanto esperando en la oficina
los repugnantes expedientes, los
números que volaban al papel
como mínimas aves migratorias
unidas en despliegue amenazante.
Me pareció que todo se juntaba
para esperarme por primera vez:
el nuevo amor que, recién descubierto,

stirring my legs deliciously
in the underwater warmth.

So much time toweling and drying myself,
one sock in the wake of the other,
one trouser leg and its brother—
entering one shoe took an age,
so that when, in my gloomy uncertainty,
I picked out a tie, and at last was leaving on
my explorations, looking for my hat,
I realized that it was much too late.
Night had come down,
and I started again to undress myself,
garment by garment, to slip between the sheets,
until I was soon asleep.

When night passed and through the door
the preceding Thursday entered again, ·
properly transformed into Friday,
I greeted it with a doubtful laugh,
distrusting its identity.
Wait for me, I said to it, keeping
doors and windows wide open,
and I began my routine again,
from the lathered soap to the hat,
but my feeble effort
came face to face with the arriving night
just when I was about to go out.
And I went back to my meticulous undressing.

All this time they were waiting in the office,
the horrible records, the
numbers flying onto the papers
like tiny, migrating birds,
joined in a threatening deployment.
It seemed to me that everything had gathered
to wait for me for the first time—
my new love who, recently come upon,

bajo un árbol del parque me incitaba
a continuar en mí la primavera.

Y mi alimentación fue descuidada
días tras día, empeñado en ponerme
uno tras otro mis aditamentos,
en lavarme y vestirme cada día.
Era una insostenible situación:
cada vez un problema la camisa,
más hostiles las ropas interiores
y más interminable la chaqueta.

Hasta que poco a poco me morí
de inanición, de no acertar, de nada,
de estar entre aquel día que volvía
y la noche esperando como viuda.

Ya cuando me morí todo cambió.

Bien vestido, con perla en la corbata,
y ya exquisitamente rasurado
quise salir, pero no había calle,
no había nadie en la calle que no había,
y por lo tanto nadie me esperaba.

Y el jueves duraría todo el año.

◇┤◇┤◇┤◇┤◇┤◇

Los platos en la mesa

LOS ANIMALES COMEN CON HERMOSURA

    Antes vi el animal y su alimento.
    Al leopardo orgulloso

was urging me under a tree in the park
to keep the spring in me going.

And the business of eating was ignored
day after day, forced as I was to put on
my accessories, one after the other,
to go through my daily washing and dressing.
The situation was impossible:
my shirt a problem every time,
my underclothes more hostile,
my jacket more interminable.

Until, little by little, I died
of inanition, of not being sure, of nothing,
of being between that day that was returning
and the night waiting like a widow.

When I finally died, it all changed.

Well dressed, a pearl in my tie,
and exquisitely shaved this time,
I wanted to go out, but there was no street,
there was no one in the nonexistent street,
and consequently, no one was waiting for me.

And Thursday would go on all year long.

❀❀❀❀❀❀❀❀❀❀

The Dishes on the Table

ANIMALS FEED WITH GRACE

Once I watched animals at their feeding.
I saw the leopard, proud

de sus ligeros pies, de su carrera,
vi desencadenarse
su estática hermosura
y partir en un rayo de oro y humo
el carro hexagonal de sus lunares:
caer sobre la presa
y devorar
como devora el fuego,
sin más, sin insistir,
volviendo entonces
limpio y erecto y puro
al ámbito del agua y de las hojas,
al laberinto del aroma verde.
Vi pastar a las bestias matutinas
suaves como la brisa sobre el trébol
comer bajo la música
del río
levantando a la luz
la coronada
cabeza aderezada de rocío,
y al conejo cortar la limpia hierba
con delicado, infatigable hocico,
blanco y negro, dorado o arenoso,
lineal como la estampa vibradora
de la limpieza sobre el pasto verde
y vi al gran elefante
oler y recoger en su trompeta
el cogollo secreto
y comprendí, cuando los pabellones
de sus bellas orejas
se sacudían de placer sensible,
que con los vegetales comulgaba
y que la bestia pura recogía
lo que la tierra pura le guardaba.

on its swift paws, in its speed
break loose
its blinding beauty,
its body with hexagonal spots
take flight in a flash of gold and smoke,
fall on its prey
and devour it
as fire devours,
neatly, without fuss,
and then return,
clean, erect, pure,
to the world of water and leaves,
to the labyrinth of sweet-smelling greenness.
I saw the early-morning beasts at grass,
soft as the breeze over the clover,
grazing to the music
of the river,
lifting to the light
crowned heads
dressed with dew,
and the rabbit nibbling the clean grass—
delicate and tireless muzzle,
black and white, golden or sandy—
in a line, like the shifting print
of cleanness over the green turf,
and I saw the great elephant
sniff out and gather in his trumpet
secret shoots,
and I understood, when the tents
of his beautiful ears
shook with tangible pleasure,
that he was communing with the vegetation,
and that the innocent animal gathered
what the pure earth was saving for him.

NO ASÍ LOS HOMBRES

Pero no así se conducía el hombre.
Vi su establecimiento, su cocina,
su comedor de nave,
su restaurant de club o de suburbio,
y tomé parte en su desordenada
pasión de cada hora de su vida.
Empuñó el tenedor, saltó el vinagre
sobre la grasa, se manchó los dedos
en las costillas frescas del venado,
mezcló los huevos con horribles jugos,
devoró crudas bestias submarinas
que temblaban de vida entre sus dientes,
persiguió al ave de plumaje rojo,
hirió al pez ondulante en su destino,
ensartó en hierro el hígado
del tímido cordero,
machacó sesos, lenguas y testículos,
se enredó entre millones de spaghetti,
entre liebres sangrientas e intestinos.

MATAN UN CERDO EN MI INFANCIA

Mi infancia llora aún. Los claros días
de la interrogación fueron manchados,
por la sangre morada de los cerdos,
por el aullido vertical que crece
aún en la distancia aterradora.

MATAN LOS PECES

Y en Ceylán vi cortar peces azules,
peces de puro ámbar amarillo,
peces de luz violeta y piel fosfórica,
vi venderlos cortándolos vivientes
y cada trozo vivo sacudía
aún en las manos su tesoro regio,

NOT MEN

But that was not how man behaved.
I saw his eating place, his kitchen,
his ship's dining room,
his restaurant in club or suburb,
and I took part in the unruly
passion of every hour of his life.
He brandished his fork, he spilled vinegar
over grease, he stained his fingers
with the fresh rib meat of deer,
he mixed eggs in horrible juices,
he devoured raw undersea creatures
still throbbing with life between his teeth,
he hunted down the bird with red plumage,
he wounded the wavering fish,
he speared with iron the liver
of the meek sheep,
he ground up brains, tongues, and testicles,
he tangled himself in millions of miles of spaghetti,
in bleeding hares, in guts.

IN MY CHILDHOOD A PIG IS KILLED

My childhood is still in tears. My clear days
of questioning were stained
by the dark blood of the pig,
by the rising squeal which still grows
across the terrifying distance.

THE KILLING OF FISH

And in Ceylon I saw them slice blue fish,
fish of a pure yellow amber,
fish shining violet, phosphorescent skin.
I saw them sold, sliced while still alive,
and every living slice quivered
like royal treasure in the hand,

latiendo, desangrándose en el filo
del pálido cuchillo mercenario
como si aún quisiera en la agonía
derramar fuego líquido y rubíes.

❀❀❀❀❀❀❀

La bondad escondida

Qué bueno es todo el mundo!
Qué bueno es Juan, Silverio,
Pedro! Qué buena es Rosa!
Qué bueno es Nicolás! Qué bueno es Jorge!
Qué buenos son don Luis y doña Luisa!
Cuántos buenos recuerdo!
Si son como un granero
o bien me tocó sólo el grano bueno.
Pero, no puede ser, andando tanto
como yo anduve, y no encontrar ninguno,
ni hombre, ni viejo, ni mujer, ni joven:
todos eran así, por fuera duros
o por fuera dulces,
pero por dentro yo podía verlos,
se abrían para mí como sandías
y eran la pulpa pura, fruta pura,
sólo que muchas veces
no tenían ni puerta ni ventana:
entonces, cómo verlos? Cómo
probarlos y cómo comerlos?
La verdad es que el mal es el secreto.

Dentro del túnel no hubo primavera
y las ratas cayeron en el pozo.
No fue la misma el agua desde entonces.

throbbing, bleeding along the blade
of the pale and mercenary knife,
as if it wished still in its agony
to spill out liquid fire and rubies.

Hidden Goodness

How good everyone is!
How kind they are, Juan, Silverio,
and Pedro! How good Rosa is!
What a fine man Nicolás is, and Jorge!
How good are Don Luis and Doña Luisa!
I can think of so many good people!
Yes, it's like a granary;
or perhaps only good grain came my way.
But it cannot be, traveling as much
as I did, and not finding exceptions,
old men or young, women or girls.
They were all like that, hard on the outside,
or soft on the outside,
but I could see inside them.
They opened up to me like watermelons
and they were pure flesh, pure fruit,
except that many times
they had neither windows nor doors.
Then how did I see them? How
did I try them out and taste them?
The truth is that evil is the secret.

Inside the tunnel, spring didn't exist,
and rats fell in the well.
After that, the water was not the same.

Yo tal vez conversé con Amadeo
después del crimen, no recuerdo,
cuando ya su cabeza
valía ya menos que nada
y encontré que su crimen no alteró para mí
la bondad que amarró y que no entregó:
su avaricia de bueno lo hizo malo.

Y apenas se desvió su circunstancia
todos vieron lo malo que traía
cuando lo único que pudo dar
lo dio una sola vez y se quedó
como era, sin maldad, pero maldito.
Cuando entregó su oscuridad el pobre
era tardío ya el entendimiento,
la claridad se convirtió en desdicha.

Yo tuve casi al lado de mi vida
el odio, un enemigo confesado,
el señor K., poeta tartamudo,
y no era malo sino que sufría
por no poder cantar sin condiciones:
arder como lo sabe hacer el fuego,
enmudecer como los minerales.
Todo esto era imposible
para él que se empinaba y se alababa,
se reclamaba con saltos mortales
con tribu y con tambor frente a la puerta
y como el que pasaba nunca supo
lo grande que era, se quedaba solo
insultando al honrado transeúnte
que siguió caminando a la oficina.

Hay mucho que arreglar en este mundo
para probar que todos somos buenos
sin que haya que esforzarse: no podemos
convertir la bondad en pugilato.
Así se quedarían despobladas

Perhaps I spoke with Amadeo
after the crime, I don't remember,
when already his life
was worth less than nothing,
and I found that his crime did not change for me
the goodness he had saved and did not let loose.
His greed for goodness made him evil.

And as soon as his situation changed,
everyone saw the evil that was in him,
when the only thing he could give
he gave once only and remained
as he was, not evil but accursed.
When the poor man broke out of his ignorance,
understanding was already too late
and his clarity turned into his misfortune.

Hatred was close to me most of my life
in the person of a sworn enemy,
Señor K., a stuttering poet.
He was not evil but he suffered
from not being able to write freely.
He couldn't burn as fire knows how to,
or keep silent as minerals do.
All that was impossible
for him who preened himself and boasted,
turned cartwheels
with crowds and drums at his door,
and since the passers-by never knew
how great he was, he remained alone,
insulting the honest citizen
who kept on walking to the office.

There's a lot to change in this world
to prove we are all good
without having to try too hard. We can't
turn our goodness into a weapon.
If we did, they would be uninhabited,

las ciudades, en donde
cada ventana oculta con cuidado
los ojos que nos buscan y no vemos.

◇◦◇◦◇◦◇◦◇◦◇◦◇

Esto se refiere a lo que aceptamos sin quererlo

Ay qué ganas de no
de no no no
cuánta vida
pasamos
o perdimos
sí sí
sí sí
sí sí
íbamos barro abajo aquella vez
y cuando nos caímos de la estrella
aún más, entre búfalos
que crepitaban,
ardiendo de cornúpetos,
o sólo entonces cuando no podíamos
ir más allá ni más acá, el momento
de las imprecisiones que corroen
con lento paso de ácido,
en fin, en todas partes,
no queríamos
y allí quedamos vivos pero muertos.
Porque siempre se trata
de que no sufra Pedro ni su abuela
y con esta medida
nos midieron
toda la vida
desde los ojos hasta los talones
y con esta razón

the cities, in which
every window carefully conceals
eyes which want us, eyes which we don't see.

What We Accept without Wanting To

Oh, what longing for no,
no, no, no.
How much life
we spend
or lose
yes yes
yes yes
yes yes.
We were down in the mud that time
and when we fell from the star
further, among buffaloes
on fire
with clashing horns,
when we couldn't move
nearer or further, the moment
of indecision which corrodes
with the slow seep of acid,
finally, in every sense,
we lost our will
and there we stayed, alive but dead.
Because it's always to save
Pedro and his grandmother from suffering—
by that standard
we were measured
all life long
from our eyes to our heels;
and by these lights

dictaminaron
y luego ya sin el menor respeto
nos dijeron qué vísceras
debíamos
sacrificar,
qué huesos,
qué dientes y qué venas
suprimirían ellos noblemente
de nuestros abrumados esqueletos.
Y así pasó aquel jueves
cuando entre los peñascos
no teníamos pies y luego cuando
no teníamos lengua,
la habíamos gastado sin saberlo,
decíamos que sí sin saber cómo
y entre síes y síes
nos quedamos sin vida entre los vivos
y todos nos miraban y nos creían muertos.
Nosotros no sabíamos
qué podía pasar porque los otros
parecían de acuerdo en estar vivos
y nosotros allí
sin poder nunca
decir que no que no
que tal vez no que nunca
no que siempre
no no
no no
no no.

we were judged;
and later, with no respect at all,
they told us what entrails
we should
sacrifice,
what bones,
teeth and veins
they would graciously remove
from our worn-out skeletons.
And so that Thursday passed
when, among the rocks,
we had no feet and later
no tongue.
We had used it up without knowing,
we said yes without knowing how
and among yeses and yeses
we were left lifeless among the living
and they all looked at us and thought us dead.
We didn't know
what could happen because the others
seemed to agree about being alive
and there we were
without ever being able
to say no, no,
or perhaps no, or ever
no, or always
no no
no no
no no.

Las comunicaciones

Muerte a los subterráneos! decreté.

Hasta cuándo engañarse con la cara cerrada
y ojos hacia no ver, hacia dormir.
No es necesario nada sino ser
y ser es a la luz, ser es ser visto
y ver, ser es tocar y descubrir.

Abajo todo el que no tiene flor!

De nada sirven sólo las raíces!

No hay que vivir royendo
la piedra submarina
ni el cristal
ahogado
de la noche:
hay que crecer y levantar bandera,
hacer fuego en la isla
y que conteste
el dormido navegante,
que despierte
y responda
a la súbita hoguera
que allí nació en la costa hasta ahora oscura:
nació del patrimonio luminoso,
de comunicación a fundamento,
hasta que no hay oscuridad, y somos:
somos con otros hombres y mujeres:
a plena luz amamos,

Communication

Death to all hidden things! I decreed.

How long will we deceive ourselves, with shuttered faces,
eyes not seeing, almost asleep.
Nothing is essential to us but being,
and being is light, is being seen
and seeing, is touching and discovering.

Down with all that doesn't flower!

Roots by themselves are useless!

We don't have to live wearing away
the underwater stone
or the drowned
glass
of night.
We have to grow and raise flags,
start a fire on the island
so that the sleeping wanderer
will answer,
will awaken,
will respond
to the sudden bonfire
which flared up there on the coast, dark until now.
It springs from our luminous heritage,
from true communication,
until there is no more dark, and we are,
we are with other men and women.
We love in the fullness of light.

a pleno amor nos ven y eso nos gusta:
sin silencio es la vida verdadera.

Sólo la muerte se quedó callada.

La verdad

Os amo, idealismo y realismo,
como agua y piedra
sois
partes del mundo,
luz y raíz del árbol de la vida.

No me cierren los ojos
aun después de muerto,
los necesitaré aún para aprender,
para mirar y comprender mi muerte.

Necesito mi boca
para cantar después, cuando no exista.
Y mi alma y mis manos y mi cuerpo
para seguirte amando, amada mía.

Sé que no puede ser, pero esto quise.

Amo lo que no tiene sino sueños.

Tengo un jardín de flores que no existen.

Soy decididamente triangular.

Aún echo de menos mis orejas,
pero las enrollé para dejarlas

They see us in the fullness of love and that pleases us.
True life is without silence.

Only death remains dumb.

❀❁❀❁❀❁❀❁❀❁

Truth

I am devoted to both of you, idealism, realism.
You are
like water and stone,
parts of the world,
light and the tree root of life.

Don't close my eyes even
after I'm dead.
I'll still need them to learn,
to look and understand my death.

I need my mouth
to sing afterwards, when I don't exist,
and my soul and my hands and my body
to go on loving you, my love.

I know that cannot be, but I wanted it.

I only love things which have dreams.

I have a garden of flowers which don't exist.

I am decidedly triangular.

I still miss my ears,
but I rolled them up to leave

en un puerto fluvial del interior
de la República de Malagueta.

No puedo más con la razón al hombro.

Quiero inventar el mar de cada día.

Vino una vez a verme
un gran pintor que pintaba soldados.
Todos eran heroicos y el buen hombre
los pintaba en el campo de batalla
muriéndose de gusto.

También pintaba vacas realistas
y eran tan extremadamente vacas
que uno se iba poniendo melancólico
y dispuesto a rumiar eternamente.

Execración y horror! Leí novelas
interminablemente bondadosas
y tantos versos sobre
el Primero de Mayo
que ahora escribo sólo sobre el 2 de ese mes.

Parece ser que el hombre
atropella el paisaje
y ya la carretera que antes tenía cielo
ahora nos agobia
con su empecinamiento comercial.

Así suele pasar con la belleza
como si no quisiéramos comprarla
y la empaquetan a su gusto y modo.

Hay que dejar que baile la belleza
con los galanes más inaceptables,
entre el día y la noche:

in a river port in the interior
of the Republic of Malagueta.

I can't go on with the burden of reason.

I want to invent this day our daily sea.

Once a great painter came to see me.
He painted soldiers.
They were all heroes and the good man
painted them on the battlefield
dying quite cheerfully.

He also painted realistic cows
and they were so emphatically cows
that I kept growing more and more melancholy,
ready to ruminate eternally.

Execration and horror! I read novels,
endlessly generous,
and so many poems about
the First of May
that now I write only about the 2nd.

It seems to me that man
runs roughshod through the landscape
and now the roads which once had sky
afflict us
with their mercenary persistence.

That's what usually happens with beauty.
They package it in their own taste and fashion,
as if we didn't want to buy it.

We have to let beauty dance
with her least acceptable suitors
between day and night.

no la obliguemos a tomar la píldora
de la verdad como una medicina.

Y lo real? También, sin duda alguna,
pero que nos aumente,
que nos alargue, que nos haga fríos,
que nos redacte
tanto el orden del pan como el del alma.

A susurrar! ordeno
al bosque puro,
a que diga en secreto su secreto
y a la verdad: No te detengas tanto
que te endurezcas hasta la mentira.

No soy rector de nada, no dirijo,
y por eso atesoro
las equivocaciones de mi canto.

❂❂❂❂❂❂❂❂❂

El futuro es espacio

El futuro es espacio,
espacio color de tierra,
color de nube,
color de agua, de aire,
espacio negro para muchos sueños,
espacio blanco para toda la nieve,
para toda la música.

Atrás quedó el amor desesperado
que no tenía sitio para un beso,
hay lugar para todos en el bosque,
en la calle, en la casa,

Let's not feel obliged to swallow
the pill of truth as if it were medicine.

And the real? The same, no doubt;
but let it increase us,
extend us, make us cold,
clarify us
as much through the truth of bread as through the spirit.

Let's whisper. I order
the pure forest
to be secretive with its secret;
and to truth, I say: Don't stay so long
that you harden till you are a lie.

I'm no director, I'm not in charge of anything,
and for that reason I treasure
the errors in my song.

<hr />

The Future Is Space

The future is space,
earth-colored space,
cloud-colored,
color of water, air,
black space with room for many dreams,
white space with room for all snow,
for all music.

Behind lies despairing love
with no room for a kiss.
There's a place for everyone in forests,
in streets, in houses;

hay sitio subterráneo y submarino,
qué placer es hallar por fin,
                              subiendo
un planeta vacío,
grandes estrellas claras como el vodka
tan transparentes y deshabitadas,
y allí llegar con el primer teléfono
para que hablen más tarde tantos hombres
de sus enfermedades.

Lo importante as apenas divisarse,
gritar desde una dura cordillera
y ver en la otra punta
los pies de una mujer recién llegada.

Adelante, salgamos
del río sofocante
en que con otros peces navegamos
desde el alba a la noche migratoria
y ahora en este espacio descubierto
volemos a la pura soledad.

there's an underground space, a submarine space,
but what joy to find in the end,

                          rising,
an empty planet,
great stars clear as vodka,
so uninhabited and so transparent,
and arrive there with the first telephone
so that so many men can later discuss
all their infirmities.

The important thing is to be scarcely aware of oneself,
to scream from a rough mountain range
and see on another peak
the feet of a woman newly arrived.

Come on, let's leave
this suffocating river
in which we swim with other fish
from dawn to shifting night
and now in this discovered space
let's fly to a pure solitude.

Afterword

Neruda wrote *Memorial de Isla Negra* during 1962–63, at the age of fifty-nine, as a present to himself for his sixtieth birthday, an autobiography in the form of a progress of poems. It was his third excursion into autobiography. The final section of *Canto general*, published in 1950, a sequence of twenty-three poems entitled *Yo soy*, reviewed his own life up to 1949. In 1962, the Brazilian monthly *O Cruzeiro Internacional* published "Lives of the Poet," a series of ten consecutive autobiographical articles which later became the basis for Neruda's *Confieso que he vivido: Memorias*, published posthumously in 1974.

It is not surprising that Neruda should have turned to auto-biography on occasion, for he had been something of a public figure since his early twenties, when his *Veinte poemas de amor y una canción desesperada* (1924) brought him early fame, and his life as Chilean consul in various parts of the Far East and subsequently in Spain, as the Civil War broke out there, had been full of vivid incident. Fiercely anti-intellectual, a political militant, he was the embodiment of the Latin American Poet, his poems had an enormous circulation and were commonly learned by heart. When he received the Nobel Prize for Literature in 1971, the Swedish Academy described him as "the poet of violated human dignity," who "brings alive a continent's destiny and dreams."

In his prose *Memorias*, and even in *Yo soy*, Neruda was more concerned with his historical self, his part in the drama of history and social change. In *Isla Negra*, however, he is less involved with history than with his previous selves, and becomes the ever-changing poet bringing the past into the present for review, keeping a wandering notebook on himself. "Notes from Isla Negra" would be the most literal rendering of the original title, in which the Spanish *memorial* has little to do with its English cognate. Instead of a memorial, far too pompous an intention, Neruda wrote a *diary* that fluctuates between present and past, that brings the past into the poetic present. (Neither black nor an island, Isla Negra is a small village above a stretch of sand on the Pacific coast of Chile, eighty miles south of Valparaiso, where Neruda bought an old sea captain's house in 1939, to which he retreated to write when he could.) When the book came out, Neruda described its purpose as "spinning the thread of biography" while also capturing "each day's joyous or somber feeling . . . a tale that strays off and then rejoins, haunted by both the events of the past and by nature, which keeps calling me with its numerous voices."* Unlike the prose memoirs, the "notes" were intended much less as a factual autobiography than as an informal notebook in which the narrative of past events would mingle with the record of present experience. The memoirs come from retrospection, the "notes" from introspection. The original edition in Spanish drew attention to this notebook notion by publishing the five books that make up *Isla Negra* in separate slim volumes.†

In his progress through the five books of *Isla Negra*, the reader will notice a gradual fraying away of the biographical thread and a growing frequency of "diary" poems, lyrics that play the whims of the present over the recollections of the past, gradually shedding the rhetoric of autobiography for the present meditations of the still-changing poet. The shift is first acknowledged in "Those Lives," the nineteenth poem of *The Moon in the Labyrinth*, as the text breaks off from biographical sequence:

> *This is what I am, I'll say, to leave this written*
> *excuse. This is my life.*

---

* I quote from "*Algunas reflexiones improvisadas sobre mis trabajos*," in Pablo Neruda, *Obras completas*, third edition (Buenos Aires: Editorial Losada, 1968). All translations of Neruda's prose are mine.
† Buenos Aires: Editorial Losada, 1964.

Now it is clear this couldn't be done—
that in this net it's not just the strings that count
but also the air that escapes through the meshes.

By the time we reach "Memory," fifty-five poems later, the earlier acknowledgment has become a plea to "be gentle with the poet," to forgive the vagaries of his memory, since:

I was always quick to forget,
and those hands of mine
could only grasp intangibles,
untouchable things
which could only be compared
when they no longer existed.

There is a paradoxical recall at work in *Isla Negra*, a poetic memory that can only make sense of experience by "forgetting" it. Neruda implied this in the preface he wrote for *Where the Rain Is Born*, the first book, when it was published separately in an earlier edition in Italy.* There he calls it "the first step back to my own distance" and then admits to the loss of direction that "guides" it: "The road's forgotten, we left no footprints in order to return, and if the leaves trembled when once we passed them, now they no longer do, and the fatal lightning rod that fell to destroy us doesn't even whistle. To walk toward memories when these have become smoke is to sail in smoke. And my childhood, seen from 1962 and in Valparaiso, after having walked so long, is only rain and smoke." By characterizing memory as precarious, unreliable, Neruda gives to the past a unique character, preserved in its unrepeatable integrity, and makes of the autobiographical gesture an act of interpretation that acknowledges the "distance" separating the past of lived experience from the present of writing. The preface was never included in any of the subsequent editions of the complete *Isla Negra*, probably because Neruda preferred to leave that crucial view implicit in the poems.

* *Sumario: Libro donde nace la lluvia* (Alpignano, Italy: A. Tallone, 1963). The "*Prólogo*" is reprinted in *Obras completas*, third and fourth editions.

The first book, *Where the Rain Is Born*, is the most straight-forwardly autobiographical. It covers the years 1904–21, from Neruda's birth in Parral, a small country village in central Chile, to his arrival in Santiago as a student of French at the Teachers Institute. The poems follow Neruda's chronology, their impersonal titles lending an objective frame to each one, photographs in a family album. The book's title refers to the humid south of Chile ("The rain was the one unforgettable presence for me then," Neruda says in *Memorias*), where Neruda's family moved when he was two. The first poem, "The Birth," is a meditation on the death of his unknown mother—she died of tuberculosis a month after he was born—a sacrificial death that nourishes the vineyards of Parral and Neruda's growing, and is followed by poems to his adored stepmother, Trinidad Candia Marverde, and his brusque father, José del Carmen Reyes Morales, machinist on a ballast train, the looming figures of those early years. Anecdotes from Neruda's boyhood in Temuco predominate in the poems that follow—of the boy's discovery of Sandokan and Sandokana, the heroes of Emilio Salgari's famous pirate story, of the house and daughters of Homero Pacheco, close friends of the Reyes family, of the warm, tall tales of his Uncle Genaro. As Wordsworth does in the first books of *The Prelude*, Neruda unearths his "fair seedtime," in which he grows up "fostered alike by beauty and by fear." Along with early visions of "the Evil One, the dark deceiver" in "Superstitions," he evokes the small towns of southern Chile—Carahue, Cautín, Renaico, Pillanlelbún—whose names echo their Araucanian Indian origin. The sequence ends with Neruda's settling into a student rooming house on the Calle Maruri in Santiago, where he was to write many of the poems of *Crepusculario* (1921), his first published volume, in its own way a poignant farewell to childhood.

The second book, *The Moon in the Labyrinth*, covers the years from 1921 to 1929, from his first writings to the second of his three consular postings in the Far East. The first ten poems fill in the turbulent, threadbare Santiago years. "1921" invokes the awards ceremony at which Neruda received a Student Federation prize for his "Song of Fiesta," and refers to the "twenty poems with a salty tang to them" which at the time were being inspired by two different women, the Terusa and Rosaura who are the first two figures in the succession of *Amores* poems that run through *Isla Negra*. Neruda never identified these two women, resorting instead to teasing sobriquets. Terusa (or Marisol, as she is called in *Memorias*) was the rural muse of half of those twenty poems, and her poems abound in rich natural imagery; Rosaura (Marisombra) was her urban counterpart, "the physical peace of the passionate meetings in the city's hideaways," as Neruda says in *Memorias*. (Recently, Rosaura has been identified as Albertina Rosa Azócar Soto, a fellow student at the Teachers Institute and the sister of Rubén Azócar, one of Neruda's close friends.) In between these serene muses are the poems devoted to the "crazy friends" of bohemian Santiago, Joaquín Cifuentes Sepúlveda and Alberto Rojas Giménez, poet-companions whose separate suicides later inspired two of Neruda's most moving elegies. Homero Arce was a well-known poet who later became Neruda's secretary for a time. The real identity of Raúl Ratface is a mystery. He is not mentioned in any of the prose memoirs.

The next nine poems chronicle Neruda's departure for Rangoon, via Lisbon, Madrid, Paris, and Marseilles, and his consular sojourns in the Far East. Neruda's five Asian years were difficult ones, removed as he was from a familiar geography and climate, and it was then that he wrote the spiritually bleak lyrics of his *Residencias*. As distinct from the nostalgic "Paris 1927," rowdy with exiles from Latin America, Neruda's poems about the East are tinged with a certain horror at life in the colonial outposts he served in. The "flowing river" of "Paris 1927" becomes the "river that flowed . . . into the stifling city" in "Rangoon 1927." He saw Ceylon in a more favorable light, though he admits to having lived there "between despair and luminosity." The biographical thread breaks off after "Those Lives," however, and there is no mention of Neruda's remaining years in Java and Singapore, his loveless first marriage to María Antonieta Hagenaar, a Dutch Javanese, or to their eventual return to Chile in 1932. Instead, the section ends with four unrelated poems which conclude that "there is no clear light, / no clear shadow, in remembering."

The third book, *Cruel Fire*, returns thunderously to historical event, as though the poems had forced themselves on the poet. The "cruel fire" is Neruda's tragic and passionate experience of the Spanish Civil War. He served as consul, first in Barcelona, then in Madrid, from 1934 until late 1936, and formed close friendships with a brotherhood of Spanish poets whose names are scattered through these poems—Federico García Lorca, Miguel Hernández, Rafael Alberti, Vicente Aleixandre. Wenceslao Roces was a Spanish friend who appeared among the refugees that Neruda, when he returned as consul for emigration in 1939, arranged safe passage for aboard the *Winnipeg*, a make-shift passenger ship. The chronology of events in this book, however, becomes jagged. Neruda moves from the poems on Spain to "In the High Mines," a poem on the Chilean mining districts of Antofagasta and Tarapacá (which elected Neruda as Communist senator in 1945), perhaps to demonstrate that it was his involvement and experience in Spain that led him to declare his political commitment in Chile. Neruda's conversion caused him to reassess the poet's true function: "I began to look and to see deeper, / into the troubled depths / of human connections." This "new poet," committed politically, committed also to "Americanism"—the celebration of an authentic Latin American identity—makes his appearance in *Canto general* (1950), which Neruda completed as a political exile, while in hiding from the Chilean police.

In the middle of *Cruel Fire*, three poems appear with the surprise of flashbacks—"I Remember the East" and "Josie Bliss" I and II. Chronologically, they belong in the second book, but they occur here suddenly, like shocks of memory. Josie Bliss was Neruda's Burmese mistress, his "dark lady," a jealous lover whose violent threats drove Neruda to Ceylon, where she followed him, pleading for a reconciliation that never took place. Neruda's rejection of her came back to him often and painfully, and she returns in various later poems. She appears here, an anachronistic ghost, the emblem of Neruda's remorse. The remaining poems of *Cruel Fire* are diary poems. The last poem, "Exile," refers to the period, around 1951, which Neruda spent exiled in Europe, where on Capri he took up with Matilde Urrutia, who became his third wife in 1955. Exile, however, is empty, the poet "an embarrassed ghost" and "a spirit without roots."

The theme of exile generates the title of the fourth book, *The Hunter after Roots*, which expands on the metaphor of exile as rootlessness and projects Neruda's definitive return to Chile in 1952 as a journey to find his roots and repossess his identity. (The title was taken from a wooden statue carved from a single tall root by the Spanish sculptor Alberto Sánchez, to whom Neruda dedicated this book. A picture of the statue appeared as the frontispiece of the original edition.) There is little biographical content in the eighteen poems, except for the two addressed to Delia del Carril, Neruda's second wife, whom he divorced in 1954. His marriage to Delia lasted eighteen years, years of political intensity which the couple actively shared, accounting for the historical perspective alongside the personal in the "Delia" poems. The poem "Mexican Serenade" recalls the time Neruda spent there in exile in 1949. The remaining poems retain something of the mood of Neruda's *Estravagario* (1958)—diverse meditations, reflective asides.

The last book, *Critical Sonata*, is the least autobiographical, organized as it is around a long political poem, "The Episode," in which Neruda both decries Stalinism and indulges in self-apology. Throughout the poem's twenty-nine sections, Neruda follows roughly Khrushchev's denunciation of Stalin's cult of personality, but sees Stalin as a temporary distortion that cannot cloud his view of Communism as a whole: "A moment in the dark does not blind us." Neruda had been an obedient Stalinist, and much of the poem is calculated to mollify his critics. In 1954, he had written, piously: "Stalin is the noon day / man's and the people's maturity"; now, "the child of terror hides / the eclipse, the moon, the accursed sun / of his blood-stained progeny."

In *Critical Sonata*, two of Neruda's critics are singled out for special treatment: Ricardo Paseyro (the Pipipaseyro of "The Episode"), an Uruguayan who literally stalked Neruda in his travels around the world, and Pablo de Rokha ("Señor K., a stuttering poet"), a Chilean, Neruda's contemporary, whose envy drove him to write a querulous book called *Neruda and I*. (De Rokha eventually committed suicide.)

In the original 1964 edition of *Isla Negra*, the last text was a poem dedicated to Matilde Urrutia ("*Amores: Matilde*"), which, in contrast to the other *Amores* poems, was a single long, lyric meditation on love, a spiritual integration rather than a sundered memory. Neruda removed that poem from *Isla Negra* in the third edition of his *Obras completas* and made it the opening poem of *La barcarola* (1967), a long love-sequence written to his wife. So "The Future Is Space" became the last poem of *Isla Negra*, a new ending which opens rather than closes, which envisions a world of possibilities: "What joy to find in the end, / rising, / an empty planet."

On September 23, 1973, Neruda died in a Santiago clinic of an illness aggravated by his distress over the military coup that brought down the government of Salvador Allende, whom Neruda had helped to put in power. Yet the poet's autobiography, like the wavering memory that sustains it, remains an open book, inventive and alive: "Nor can I measure the road / which may have no country / or that truth that changed."

Man may not be an island, but his memory is.

Enrico Mario Santí
CORNELL UNIVERSITY